GENERATIONEN

GENERATIONEN

DREISSIG DEUTSCHE JAHRE

HERAUSGEGEBEN VON EVA ZELLER

DEUTSCHE VERLAGS-ANSTALT STUTTGART

Schutzumschlag: Atelier Frick-Kirchhoff
Gesetzt aus der Linotype-Trump-Mediäval
Satz und Druck: Hohenloher Druck- und Verlagshaus, Gerabronn
Bindearbeit: Deutsche Verlags-Anstalt GmbH, Stuttgart
Printed in Germany. ISBN 3 421 *01610* 0

INHALT

VORWORT

„Anthologie: (griech. = Blumen-Blütenlese): Sammlung unter bestimmten Gesichtspunkten ausgewählter literarischer Stücke, die den Geschmack einer Zeit, einer Richtung oder des Herausgebers spiegeln". (aus v. Wilpert „Sachwörterbuch der Literatur")

„Anthologien", schrieb einer der hier vertretenen Autoren, „sind meistens für die Katz. Ich mache mit, weil mir dieses Generalthema, der Generationsbruch heute, eine Anthologie zu rechtfertigen scheint."

„Der Unterschied zwischen Vätern und Söhnen," schrieb Jaak Karsunke, „lenkt nur von dem relevanteren Unterschied zwischen Unternehmern und Unternommenen ab ..... politische Praxis halte ich für ein Kriterium. Der Jahrgang ists nur beim Wein. Deshalb möchte ich mich an dieser Anthologie nicht beteiligen."

Neu ist der Gesichtspunkt, unter dem diese literarischen Stücke ausgewählt wurden, nicht. Die Grundstimmung zweier aufeinanderfolgender Generationen war nie dieselbe. Probleme, Ideale und Ideen der Vorigen wurden für die Nachfolgenden immer schon belanglos oder ließen sich widerlegen. Der Sturm und Drang erwuchs aus jeder nachfolgenden Generation als Trotzreaktion auf Autoritäten und Traditionen.

Der krasse politische Szenenwechsel in Deutschland hat den Grabenbruch zwischen Gestrigen und Morgigen vertieft, ist aber nicht allein dafür verantwortlich zu machen, daß sich restauratives und utopisches Denken so unversöhnlich gegenüberstehen. Der Angriff der Jungen auf die ältere Generation scheint totaler denn je: sie fordern deren Legitimation auf ihren Führungsanspruch. Den Söhnen geht es nicht mehr darum, den sozialen Status der Väter zu erreichen; sie stellen deren Weltanschauung und Weltverhalten grundsätzlich in Frage.

Beargwöhnen sich die Generationen nur noch gegenseitig? Oder gibt es da und dort Einmütigkeiten? Wie fügt sich das antitraditionelle, emanzipierte und angeblich wertfreie Verhalten der Jungen in die Weltbilder – oder gar Schablonen – der Älteren? Befinden sich die zum Establishment Erklärten nur auf Rückzugsgefechten, oder fragen sie zurück, ob diese Auflehnungen zu wahren Veränderungen führen oder nicht doch bloß wirklichkeitsfremd und parasitär bleiben? Ist die Angst der Älteren, angesichts der Voraussetzungslosigkeit, mit der verfestigte Strukturen angeprangert werden, so unbegründet? Fürchten sie zu Recht neue Fetische und Ideologien?

Erfährt man, wenn nun vierundvierzig Autoren zu Worte kommen, wie die eine über die andere Generation und jede über sich selber denkt? Was hier zu Buche geschlagen wurde, kommt nicht aus der Feder von Soziologen oder Verhaltensforschern, die möglicherweise besser Bescheid wissen. Was Schriftsteller zu sagen haben, sollte nicht behauptet, sondern ablesbar sei.

Wie verschieden die Art der Mitteilung ist; wieviel auch der einzelne Autor dem Orientierungsversuch durch Sprache noch zutraut –: ein Fazit scheint mir ablesbar: das Sich-zur-Wehr-Setzen gegen die angeblich allmächtigen Denk- und Erfahrungsschemata. Dies könnte der „Gebrauchswert“ sein, auf den hin Literatur befragt wird.

Düsseldorf, Juli 1972 *Eva Zeller*

1

Horst Krüger

DER JUNGE HERR C UND ICH
Über einen Generationsbruch in Deutschland

Gestern abend auf dieser Party. All die Versuche mit C. wieder, soviel Vergeblichkeit, unbeschreiblich. Er kam erst nach elf in die Gesellschaft. Er kam jung, bleich, wild, zugleich sehr schick und brachte mit seinem Mädchen einen Hauch von Revolution in diesen gediegenen Kreis: Professoren, die gleich etwas verängstigt aufblickten. Die jungen Leute hier in der Stadt gehen neuerdings ja abends zu Demonstrationen, zum sit in, zum schönen Handgemenge mit der Polizei wie die älteren zum

Symphoniekonzert. Sie sind abonniert auf Protest wie ihre Eltern auf „Tosca" und fragen sich nachts beim Auseinandergehen also gegen zwei in der Morgenstunde: Und wohin gehen wir morgen abend? Treffen wir uns beim Amerikahaus, beim Israelischen Reisebüro oder beim Spanischen Konsulat? Wo ist denn was los morgen abend, hier in der Stadt?

Deshalb also, nur deshalb kam er verspätet, der junge Herr C., von dem ich immer nicht weiß, nicht ausmachen kann, was er eigentlich treibt: tagsüber und bei Sonnenschein. Solche Fragen sind merkwürdig unstatthaft, unziemlich geworden: ist er eigentlich nun ein Student, ein Künstler, ein Filmmacher, ein Verschwörer? Sind das die Tupamaros? Ich meine manchmal, man könnte sie auch für die jüngste, modische Variante jenes bourgeoisen Völkchens halten, das bei Puccini noch schlicht „Die Bohème" hieß. Die Stadt ist ja voll von solchen liebenswerten und aufgeregten Geschöpfen: Wuschelköpfen, Pilzköpfen, Black-Panther-Köpfen, wütende Anarchisten, Christusgestalten, gewaltige Bartträger, also Oberammergauer, die alle wie Söhne Bakunins aussehen, obwohl sie meistens nur Söhne von Autohändlern, von Schuhfabrikanten und Oberregierungsräten sind, aus Wiesbaden-Biebrich zum Beispiel.

Es ist sicher: die Stadt, ach, unsere ganze Republik ist schöner geworden im Bild dieser neuen Jugend, die die Kostüme der Revolution, ihre Protestgewänder anmutig und lässig trägt wie Mannequins.

Es ist Deutschlands beste und fröhlichste Jugend, die von heute. So etwas Ungebrochenes und Freies, auch Freches, hatten wir mindestens seit 1848 nicht mehr. Zunächst also, meine ich, muß man sie einfach gern haben.

Gestern abend also bei dieser Party, beim immer neuen Versuch des Gesprächs, Versuch, sich an ihn heranzuschleichen, seine Welt auszuspähen, also Kommunikationsversuche, wurde mir plötzlich auf eine abrupte und lähmende Weise bewußt:

gib auf, laß das sein, es ist sinnlos, da dringst du nicht ein. Ob es an seiner Nickelbrille lag, die, modisch dürr, mich immer an unsere Gasmaskenbrillen 1940 erinnerte? Ich wußte plötzlich: das ist eine vollkommen neue Generation, die in einer ganz anderen Welt lebt als du – unvergleichlich. Eigentlich sind wir ja nur dreißig Jahre auseinander, aber es ist wie hundert Jahre. Es führt keine Brücke über diesen Abgrund der Zeit, der uns trennt. Er und ich, das ist noch einmal Deutschland, zweigeteilt. Es sind einfach dreißig deutsche Jahre dazwischen, natürlich besondere, extreme Jahre 1940 und 1970, zweimal zwei Zwanzigjährige. Was ist das eigentlich für ein Volk, dachte ich, in dem es solche Generationssprünge, so radikale Brüche und Zeitschübe gibt? Ich bin ja nicht gerade ein Traditionalist. Ich war schon immer der Meinung, daß jede Generation sich selbst durchwursteln muß; Erfahrungen sind eigentlich nur machbar, nicht überlieferbar, und schließlich und endlich hängt jede Generation doch an ihrem eigenen Galgen. Aber etwas Berührung, ein Hauch von Nähe und Nachbarschaft sollte doch sein. Zum Beispiel das Wort: Du, Du, ich höre dich, die Väter die Söhne, und umgekehrt. So etwas ist nicht mehr möglich. Es ist nicht mehr möglich hierzulande, daß ein Fünfzigjähriger mit einem Zwanzigjährigen spricht. Es gibt nur Verfehlungen, Verstummen, vielleicht auch Verachtung – gegenseitig.

Der junge Herr C.: ich habe ihn also reden, sich ausdrücken lassen auf seine Weise. Es klang mir manches wie Chinesisch. Ich schwieg die meiste Zeit, beobachtete seine Gesten, die locker und überaus sicher waren. Sein Lächeln müßte man wohl gewinnend nennen? Ich dachte: eigentlich hat er ganz recht, wenn er uns ablehnt: die Alten. Die Jungen sind wirklich anders. Traue keinem über dreißig. Das Wort ist zwar politisch dumm, aber generationsgemäß ist es so unzutreffend nicht. Was weiß ich denn von seiner Welt? Der junge Herr C., der intelligent, beinah belustigt vom nächtlichen Handgemenge mit Frankfurter Polizisten erzählte, kam mir in meiner skeptisch zurückgelehnten Beobachterhaltung plötzlich wie etwas Biologisches vor, eine Pflanze zum Beispiel, ein sehr exotisches Gewächs, das einfach auf anderem Boden wuchs. Sein Erdreich war doch schon anders, fuhr es mir durch den Kopf: er wuchs auf fettem, sattem, gut gedüngtem Boden, schon vollklimatisiert, als er 1950 geboren wurde. Frische Saat, die auf fettem Boden wuchs und prächtig gedieh in unserem milden Wohlstandsklima. Alles Glashäuser, Gewächshäuser einer ziemlich perfekten Zivilisation, so ein richtiges Wohlstandskind einer kapitalistischen Gesellschaft, die endlich einmal funktionierte in Deutschland, zum ersten Mal übrigens in unserer Geschichte. Zum ersten Mal haben wir doch seit 1948 eine Wirtschaft, die klappt, die läuft und läuft und läuft, beinah krisenfest. Wann gab es das je in diesem Jahrhundert bei uns? Und später dann diese Jazz- und Rockwellen, der neue Blues, der neue Sound, Pop und Porno, etwas Marxismus und etwas Drogenkult. Man wickelte sie so richtig ein in diese Protestwatte der Jugendkultur, und nun sind diese Larven ausgeschlüpft, sie werden flügge, sie beginnen zu fliegen, und nun wundern wir uns, daß sie so sind wie sie sind: anders, fremdartig, exotisch, ohne Zusammenhang mit den Älteren. Sie stammen wirklich aus einem anderen Äon. Wir Älteren hörten noch Elly Ney mit geschlossenen Augen, Beethoven ausbreitend, weit. Die nur noch die Rolling Stones oder Jimmy Hendrix. Da sind schon Welten dazwischen. Und natürlich im Wohlstand läßt es sich wohl protestieren. Das ist gar nicht verächtlich, nicht böse gemeint. Es meint nur die ökonomischen Implikationen der politischen Moral.

Und wir? Wir Fünfzigjährigen, die wir ratlos, etwas kopfschüttelnd, im geheimen doch aber auch etwas neidisch vor dieser neuen Jugend stehen, sprachlos? Es gibt sie ja kaum noch diese

Fünfzigjährigen, die also etwa 1920 geboren wurden. Die meisten sind tot: Krieg und Gefangenschaft, Nazis oder Naziopfer. Das putzte sich gegenseitig schnell weg, und ich sage mir, eigene Jugend bedenkend: nun werd' bloß nicht sentimental noch und rührselig, die eigenen Narben befingernd. Für die anderen, die Zuschauer, ist das immer abscheulich, eigentlich widerlich, wenn einer kommt, die eigene Tiefe ausbreitet, und sagt: uns ging es eben so schlecht, uns Armen. Trotzdem, man wird es mir doch nicht als Wehleidigkeit auslegen, wenn ich sage: Wir kommen natürlich aus Bruch, aus Brachland, aus dem Schotter deutscher Geschichte, wir hatten ein mieses Erdreich und wenig Licht. Wir wuchsen auf in dem Wirrwarr der Zwanziger Jahre, die so golden nicht waren. Wir gingen zur Schule im Gedränge, Geschiebe, Geschubse der Weimarer Republik. Wir erfuhren zu Hause am Abendbrottisch, wenn die Eltern etwas mürrisch redeten, was Inflation, was Weltwirtschaftskrise, was Arbeitslosigkeit ist zu Hause: Entlassung des Vaters. Ich besinne mich, daß mein Vater oft Notverordnungen studierte. Uns Kinder scherte das wenig. Man spürte nur: irgendwo ist hier Angst im Haus.

Und daher trugen wir brave Straßenanzüge, trugen Scheitel, kurz und preußisch geschoren, und hatten oft Pickel im Gesicht und wuchsen so hinein in den deutschen Faschismus, dienten ihm, halbwüchsig als Kinder, kämpften den großen Nibelungenkampf der deutschen Nation gegen den Osten mit, zwanzigjährig, und wurden dann 41 oder 42 mißtrauisch, jeder für sich, waren vielleicht schon 43 heimliche Antifaschisten, auch jeder für sich, und krochen dann, auch jeder für sich, etwas verdreckt und verhungert, über diese Schwelle, das Wunder, das 45 hieß. Wir sind doch alle, die übrig blieben, nur eins: 45er. Was für die einen „der Zusammenbruch" war, war für uns eine Art Neugeburt. Von diesem Wunder, daß aus lauter Feuer und Tod wieder richtiges, gutes, freies Leben wird, kommt kein Fünfzigjähriger in diesem Lande los. Er kann deshalb nicht mehr so fröhlich kaputt machen. Es ist schon wahr: irgendwo sind wir alle ein bißchen konservativ. Ich meine, aus gutem Grund.

Das alles, ich weiß, sollte man nicht hochholen. Man sollte es nicht wieder nach oben zerren, jetzt. Ich weiß, wie der junge Herr C. solches anhörend, reagieren würde: Nun hören Sie doch bloß auf mit diesem alten Kram. Wen interessiert denn das? Diese vermoderten Geschichten will doch niemand mehr hören. Kriegshauspostillen, widerlich. Alles alte Esel. Traue keinem über dreißig.

Ich habe es also nicht ausgebreitet: meine Welt, meine Vergangenheit an diesem Abend. Ich habe auf der Party geschwiegen. Ich werde mich hüten, meine Jugend gegen die ihre aufzurechnen. Es ist jeder in seine eigene Vergangenheit verstrickt. Es kommt keiner heraus aus seinen Archiven der Zeit: zweimal Kindheit – da gibt es gar nichts aufzurechnen. Die Posten sind nicht zu addieren. Ich weiß nur: hier liegt die Wurzel der Trennung. Es gibt keine Möglichkeit hierzulande, die Erfahrungen des Zwanzigjährigen und des Fünfzigjährigen zu konfrontieren, abzutasten, vielleicht sogar auszutauschen. Es trennen uns Welten für immer.

Man muß einfach den Mut haben, sich das einzugestehen. Wir werden uns immer fremd bleiben, die Väter und die Söhne. Es gibt einen Generationsbruch hierzulande, der bleibt. Es gibt nur Distanz, Schweigen, Verwundern, auch etwas Verachtung – übrigens gegenseitig.

Hilde Domin

GRAUE ZEITEN

I

Es muß aufgehoben werden
als komme es aus grauen Zeiten

Menschen wie wir wir unter ihnen
fuhren auf Schiffen hin und her
und konnten nirgends landen

Menschen wie wir wir unter ihnen
durften nicht bleiben
und konnten nicht gehen

Menschen wie wir wir unter ihnen
grüßten unsere Freunde nicht
und wurden nicht gegrüßt

Menschen wie wir wir unter ihnen
standen an fremden Küsten
um Verzeihung bittend daß es uns gab

Menschen wie wir wir unter ihnen
wurden bewahrt

Menschen wie wir wir unter ihnen,
Menschen wie ihr ihr unter ihnen
jeder

kann ausgezogen werden
und nackt gemacht
die nackten Menschenpuppen

nackter als Tierleiber
unter den Kleidern
der Leib der Opfer

Ausgezogen
die noch morgen die Schalen um sich haben
weiße Körper

Glück hatte wer nur
gestoßen wurde
von Pol zu Pol

Die Grauen Zeiten
ich spreche von den grauen Zeiten
als ich jünger war als ihr jetzt

2
Die grauen Zeiten
von denen nichts uns trennt als
zwanzig Jahre

Die Köpfe der Zeitungen
das Rot und das Schwarz
unter dem Wort „Deutsch"

ich sah es schon einmal
Zwanzig Jahre:

Montag viel Dienstag nichts
zwischen
uns und den grauen Zeiten

3
Manchmal sehe ich dich

von wilden Tieren zerrissen
von Menschentieren

Wir lachen vielleicht

Deine Angst die ich nie sah
diese Angst
ich sehe euch

4
dich
und den
und den
Menschen wie ihr
ihr unter ihnen
Menschen wie ihr
wir unter ihnen
Nackte Menschenpuppen
die heute noch die Schalen um sich haben

Die Köpfe der Zeitungen
das Rot und das Schwarz
unter dem Wort „Deutsch"
Die Toten stehen neben den Kiosken
und sehen mit großen Augen
die Köpfe der Zeitungen an
den schwarz und rot gedruckten Haß
unter dem Wort „Deutsch"
die Toten fürchten sich

Dies ist ein Land
in dem die Toten sich fürchten

(1966)

Hans Peter Keller

IM ÜBRIGEN

nachdem wir gesehn haben
wie das Brot gebacken wird
das Bier gebraut wird

nachdem wir gesehn haben wie eine
Bombe platzt und
der Platz
nachdem wir den oft gesehn haben
hat nichts
übrig für uns

(war das ein Glück im übrigen daß da
kein Platz war der etwas
übrig hatte für dich für mich)

haben gesehn wie
das Brot das Bier und so fort haben
gesehn haben die
Bombe gesehn wie das
war
was für ein Glück gesehn zu haben

bevor wir sehn werden
nachdem das Sehenswürdige kaum
zu Ende gesehn worden ist

Heike Doutiné

MAN MÜSSTE JUNG SEIN

Was heißt das eigentlich, jung sein, fragt Jens. Das heißt, sage ich, daß man noch alles vor sich hat. Was heißt noch alles vor sich haben, fragt Jens. Das heißt, sage ich, daß du z. B. Arzt werden kannst oder Jurist oder – nun, du kannst wählen, dich frei entscheiden. Als ich mich entschieden habe, sagt Jens, wurde ich entschieden. Jetzt bin ich etwas geworden, was mir ein Freund vorschlug, meine Mutter vorschlug, mein Vater vorschlug, mein Lehrer vorschlug. Ich hätte alles werden können, sagt Jens, aber ich konnte nicht wählen. Denn wenn man nicht kennt, was man wählt, wählt man nicht. Man tut etwas.

Und gefällt dir das nicht, was du tust?

Ich habe die Prüfungen bestanden, sagt Jens. Ich habe alle Examen gemacht, sagt Jens. Und was ich vor mir habe, ist ein Leben, in dem ich alle Examen gemacht habe und alle Examen machen werde und meine Kinder wieder alle Examen machen werden. Vielleicht habe ich ein paar Hobbys. Ich wollte mal Pianist werden. So spiele ich jetzt noch etwas Klavier. Meine Mutter wollte mal Sängerin werden. Jetzt singt sie beim Tischdecken. Mein Freund wollte mal Maler werden. Jetzt streicht er mein Bücherbord an. Was heißt das, jung sein und ein Examen machen und Klavier zu spielen? Jens fragt. Und wenn ich ihn jetzt frage, an was er glaubt, außer an sein Examen, wird er lachen.

Jens lacht. Ich glaube, sagt Jens, daß mich alle Leute nett finden, weil ich auch immer nett war. Nie widersprochen habe. Immer nur hinterher gesagt habe, das kannst du doch nicht mitmachen. Aber wenn ich das laut sagen wollte, war ich wieder nett. Ich glaube, ich werde immer nett sein. Und ich glaube, ich werde Geld verdienen und noch etwas mehr Geld verdienen und noch etwas mehr Geld verdienen und noch etwas mehr Geld verdienen. Vielleicht reicht es mal zu einem Haus, mit netten Nachbarn, die nett sind, weil ich nett bin. Denn wenn ich nicht nett bin, werde ich weniger Geld verdienen und noch weniger Geld und noch weniger Geld. Ich werde Bücher lesen und ins Theater gehen und sagen, dieses Stück war gut und dieses war nicht gut. Und am nächsten Tag kaufe ich mir die Zeitungen und vergleiche die Kritiken und nicke mit dem Kopf oder schüttele ihn. Ich werde einmal im Jahr verreisen. Und nach zwanzig Jahren Vorwärtsverdienen verreise ich zweimal. Dort werde ich frühstücken, mittagessen, abendessen und mich sonnen. Und nach vier Wochen werd ich die Rechnung bezahlen und meinen Koffer packen und wieder arbeiten. Meine Praxis vergrößern und Geld verdienen und noch mehr Geld. Für eine Frau oder zwei Frauen, für ein Kind oder zwei Kinder. Mein Leben lang gerade für eine Fünfzimmerwohnung in ruhiger Lage. Jetzt bin ich jung. Und dann werde ich älter und älter und noch älter. Tja.

Tja, sage ich.

Man müßte was ändern, sagt Jens.

Was, sage ich.

Man müßte raus, sagt Jens.

Wohin, sage ich.

Etwas Eigenes tun, etwas Neues.

Was dich erwartet, sage ich, was uns alle erwartet, ist angestellt sein, eingefügt sein, angepaßt sein. Es sind immer welche vor uns da. Fünfzigjährige, Sechzigjährige, die uns vom Gestern erzählen und uns vom Heute abraten. Wir tun, was sie sagen, und sie ziehen uns nach oben. Über ihre Sargdeckel gelehnt, sagen sie uns, wie nett wir sind und wie folgsam und tüchtig. Und dann warten wir, bis sie absterben und wir aufrücken

und ihre Welt übernehmen. Ihre, nicht unsere. Denn wenn wir oben angelangt sind, ist es für unsere Welt längst zu spät. Wir haben geholfen, daß ihre Welt stehenbleibt. Dafür haben wir alle unsere Kraft gegeben. Und wir werden unsere Kinder dazu erziehen, wieder die Welt von Sterbenden zu stützen. Die Welt der Alten, die dann oben sitzen, wie wir.
Man müßte so sein wie Uwe, sagt Jens.
Der sitzt bei der Zeitung, sage ich, und schreibt seine Artikel um. Lernt Stil. Lernt das zu schreiben, was er nicht denkt, und glaubt bald daran.
Man müßte so sein wie . . .
Wenn man raus geht, ändert man nichts. Und wenn man bleibt, wird man verändert.
Ich bin jung, sagt Jens.
Ja, sage ich. Ich bin auch jung.
Worauf warten wir noch, fragt Jens.
Darauf, sage ich, daß ich mein Examen noch mache. Als Lehrerin mit Lehrerpension. Wenn zwei verdienen, haben wir mehr davon. Junge Leute haben mehr davon, wenn zwei mehr verdienen.
Man müßte jung sein, sagt Jens. Dann könnte man.
Ja, sage ich, jung müßte man sein.

Ernst Meister

Sage vom Ganzen
den Satz, den Bruch,
das geteilte Geschrei, den
trägen Ton, der Tage
Licht.

Mühsam
im gestimmten Raum
die Zeit in den Körpern,
leidiges Geheimnis, langsam,
Tod immer.

(Und ich wollt doch
das Auge nicht missen
entlang den Geschlechtern nach uns.)

Sage: DIES ist kein anderes.
Sage: So fiel, in gemeiner Verwirrung
der Fall. Sage auch immer:
Die Erfindung war groß.

Du darfst nur nicht
Liebe verraten.

Marie Luise Kaschnitz

HAARE

Alte Männer, die sich zuwachsen lassen, haben mit jungen Bärtigen nur eines gemeinsam, die Materie Haar. Im Gegensatz zu den Jungen wollen sie nicht auffallen, sondern sich verstecken, kein erkennbares Gesicht mehr haben, nur Augen, die hervorfunkeln aus dem dichten Gestrüpp. Abstoßend sein, unappetitlich sein, kein Mann mehr zum Lieben, so will ich aussehen, ein Stückchen Wildnis, Moos und Flechte, alt alt. Aber dahinter noch immer: ich.

Marie Luise Kaschnitz

STEHT NOCH DAHIN

Ob wir davonkommen ohne gefoltert zu werden, ob wir eines natürlichen Todes sterben, ob wir nicht wieder hungern, die Abfalleimer nach Kartoffelschalen durchsuchen, ob wir getrieben werden in Rudeln, wir haben's gesehen. Ob wir nicht noch die Zellenklopfsprache lernen, den Nächsten belauern, vom Nächsten belauert werden, und bei dem Wort Freiheit weinen müssen. Ob wir uns fortstehlen rechtzeitig auf ein weißes Bett oder zugrunde gehen am hundertfachen Atomblitz, ob wir es fertigbringen mit einer Hoffnung zu sterben, steht noch dahin, steht alles noch dahin.

2

Das zu
Erfahrende, das zu
Verhandelnde heißt
ICH und ist
beim Messen des Menschen
ein Beispiel,
über denselben Versuch
von Toten gebaut.

Ernst Meister

Eva Zeller

UNVERÄNDERLICHE KENNZEICHEN

Dazumal beiunszulande gestaltete kein Mensch seine Freizeit. Keiner trug Lederjacken. Keiner oben ohne. Keiner kippte Autos um. Bemalte das Pflaster. Keiner übergoß sich mit Benzin. Wer wußte schon, in welchem Berliner Theater Wann und Wo lief, in welchem Schieber des Ruhms oder Finden Sie, daß Constanze sich richtig verhält? Auch Ben Hur und Greta Garbo entgingen uns. Dafür übermittelte uns Reichstagspräsident Hindenburg urige Worte zum Tag des Deutschen Waldes. Nachzulesen in unseren Handlinien. Wir waren, sagte unser Lehrer, ein starkes, heimattreues Geschlecht in keiner x-beliebigen Gegend. (Fontane erwähnt sie in Nebensätzen.) Bei uns bauten die Bienen auf den Millimeter genau ihre Waben. Bei uns waren stille Wasser tief. Bei uns klappte der Laden. Bei uns kam etwas dabei heraus: Urväterhausrat, Tranfunzeln, später zu verpoppende Mythen. Bei uns war noch gute alte Zeit. Bei uns hatten alte Leute noch ihr Altenteil und die Kinder Mohn im Nuckel. Bei uns konnte man auf der Straße dem fröhlichen Landmann begegnen, Hans Guck in die Luft, der Roggenmuhme, der Engelmacherin, Schielewipp. Schneepflüge kreuzten meinen Weg, schwarze Katzen, die Gicht in Pantinen, die Fliege im Harz. Leierkästen reihten sich in die Schafherde ein. Die Welt war ein Dorf.

EINE Schule
EINE Kirche
EIN Dorfteich
EINE Dorflinde
EIN Dorfklatsch
EIN Dorftrottel
EINE Dorfhexe
EIN Dorfbulle
EIN Gendarm
EIN Spritzenhaus
EIN Kriegerdenkmal
EIN für allemal!

Ein Dorf im Fläming, berühmt durch seine Gurkentöpfe.
Wo hier son Pott mit Bohnen steht und da son Pott mit Brie. Wo abends die Sonne in den Brennofen gemauert und morgens zum Ausglühn aufgestapelt wird. Wo man infolgedessen fröhlich Polterabend feierte, Scherben mit erdigem Bruch, der an der Zunge klebte. Wo die Männer

weiche Hände hatten vom Umgang mit gut geschlämmtem Ton. Wo ein sanfteres Faustrecht galt. Wo die Flugasche dem Bussard die Beute abjagte. Wo ich meine ersten Gedichte in den Rauch schreiben konnte. Sie handelten vom Mond und wendischen Krügen.
Zu erinnernde Einzelheiten. Persönliche Habseligkeiten. Unveränderliche Kennzeichen:

Pumpen Aborte Vogelscheuchen Kürbisse Seifenblasen
Hufeisen Pferdeäpfel Milchwagen Maikäfer
Kienspan Kautabak Kirchenbücher
Aussteuer Hohlsaum Schlummerrollen
Regenwasser Waschblau Rasenbleiche
Schlachtefest Wurstsuppe
Frostbeulen Salmiakgeist Ofen –

und Fußbänke die Vossische Zeitung und die Preußische Pfandbriefbank. Speichern von Worten. Wiederkäuen von Worten. Die Welt war ein Dorf. Beschreibbar in Sütterlin. Nach meiner Geographie im Handumdrehen zu erreichen hinter Mauern aus Gurkentöpfen. Durch nichts zu verdrängen. Irdener Grundriß. Die einzige Gegend, in der ich mich nicht selber unterschlug. Erfüllungsort, wo ich ermächtigt war, meine Siebensachen in Empfang zu nehmen. Das Gegenteil von zweiten Heimaten. Dritten. Von aufgeschlagenen Wohnsitzen. Da könnt ihr noch soviel afterreden.

Da laß ich Pott und Bohnen stehn.
Da übte man noch Treu und Redlichkeit.
Da saß der Mann noch im Mond und
Herr von Ribbeck auf Ribbeck im Havelland.

(Eros und Psyche umarmten einander auf den Vertikos. Der Storch biß den Müttern noch ins Bein.) Jedenfalls soweit die deutsche Zunge klang und Gott im Himmel Lieder sang.

Da gab es noch Tabus.
Da ging man um den heißen Brei noch herum.
Schlechte Zeiten für Schamverletzer.
Die ungetauften Kindlein wurden hinter der
Friedhofsmauer verscharrt.
Die ungetauften Kindlein ruhten nicht sanft.
Da wählten sich die Leute den Leichentext noch
selbst und segneten das Zeitliche.
Manche konnten Warzen besprechen.
Manche aus Kaffeesatz lesen.
Manche Kühe verhexen.
Manche heilten durch Handauflegen.
Manche hatten Raupen im Kopf.
An manchen war gar nichts verkehrt.
Manche kamen mit einem blauen Auge davon.
Manche klammerten sich an einen Strohhalm.
Manche warfen die Flinte ins Korn.
Manche bissen in den sauren Apfel.
Manche kamen so leicht nicht unter die Räder.
Manche rannten mit offenen Augen in ihr Unglück.
Manche tatens für Geld und gute Worte nicht.
Manche sammelten feurige Kohlen auf ihr Haupt.
Manche brockten sich eine schöne Suppe ein.
Manche steckten unter einer Decke.
Manche zeigten manchen was 'ne Harke ist.
Manche wollten manche für dumm verkaufen.

Die Mädchen sammelten Pfennige für die Brautschuh. Die Jungen wollten am liebsten Plinsen sein, um bis in die Mägen der Mädchen zu gelangen, dann wärs bis zu den Herzen auch nicht mehr weit.

Manche machten einen guten Eindruck.
Manche standen mit beiden Beinen im Leben.
Manche ließen sich den Wind um die Ohren wehn.
Manche hatten von Tuten und Blasen keine Ahnung
Manche kamen der Sache schon näher.
Manche hatten die Weisheit nicht mit Löffeln
gefressen.
Manche waren mit allen Wassern gewaschen.

Manche spuckten große Töne. – Eintausendfünfhundert Seelen. Die blieben im Land und nährten sich mehr oder weniger redlich. Arme hatten wir allezeit unter uns. Manche wohnten im Armenhaus. Der Reinertrag des Kurmärkerballs in den Gesellschaftsräumen am Zoologischen Garten unter der bewährten Leitung des Herrn von Knoblauch diente zur Linderung drückender Notlagen.
Natürlich war meine Mutter schuldlos geschieden. Das lag klar auf der Hand. Mein Vater schrieb Briefe in Fensterumschlägen. Aus London schrieb er, man dürfe die Wahnsinnigen in Bedlam nur necken, nicht füttern. Weil er solche erbitterten Witze liebte, wäre mit ihm nicht gut Kirschen essen, sagte mein Onkel. Und nun hätten wir den Salat. Auch war die Rede von Einbrocken und Auslöffeln.

A und B sagen.
Hopfen und Malz verloren.

Sogar das Wort anstaltsreif fiel in diesem Zusammenhang. Aber nicht von den Lippen meiner Großmutter. Hingegen könnte irdischer Richterstuhl wieder von ihr stammen.
Meine Großmutter war eine Dame. Nie zitierte sie Götz von Berlichingen. Trotzdem sprach sie die Worte aus,

solange sie warm waren. Sie redete rasch und heftig. Aber ihr Tonfall täuschte. Was sie sagte, konnte man getrost auf die Goldwaage legen. Sie hatte etwas zu bedeuten. Sie war etwas Besseres. Sie war schon lange Witwe und machte aus der Not eine Tugend. Sie hatte viel Humor. Einmal nach der großen Wäsche durfte ich die Stangen aus ihrem Korsett ziehen, die sie altmodisch fand. Sie hinkte an ihrer Hüfte. Kein Zweifel, es war ihr ergangen wie Jakob nach dem Kampf mit dem Engel. Das hinderte sie nicht, manchmal selber in den Keller zu gehn und die Äpfel auszusuchen. Ihr Eingemachtes reichte für Ewigkeiten und der Wein mindestens so lange, bis die Russen kommen, sich besaufen und uns vergewaltigen werden. Was nicht für meine Ohren bestimmt war, sagte meine Großmutter auf französisch. Ihr Salon hatte eine Tapetentür. Eines Tages, dachte ich, würde mein Vater durch diese Tür treten und sein Inkognito lüften. Mein Vater, der nicht da war, stand mir überall im Wege. Meine Großmutter leistete es sich nicht, zerstreut zu sein. Suchte nie ihre Brille, wenn sie ihr auf der Nase saß. Was sie anpackte, hatte Hand und Fuß. Mit ihr verbinde ich das Wort Würde. Sie saß stand ging nicht gleichzeitig. Nichts störte den Ablauf nacheinandergefügter Zustände. Nie redete sie an jemand vorbei. Nichts zog sich ins Unverbindliche zurück.
Für meine Großmutter war noch nichts abgedroschen.

Nichts versachlicht.
Gegen Motten hängte sie Lavendelbüschel in die Schränke.
Ihre Hausapotheke enthielt
Franzbranntwein Klosterfrau Melissengeist.
Bullrich Salz Arnika.

Meine Großmutter war mit ihrer Umwelt nicht zerfallen. (Manchmal denke ich, der letzte Mensch, der mit seiner Umwelt nicht zerfallen war.)

Ihre Hand paßte um den Schlüsselbund.
Ihr Fuß in den orthopädischen Schuh. Kein Wunder, sie zweifelte nicht, daß Gott sie geschaffen hatte samt allen Kreaturen.
Ihr Vernunft und alle Sinne gegeben hatte und noch erhielt.
Dazu Haus und Hof, Acker Vieh und alle Güter.

Sie brauchte den Sinn ihres Lebens nicht nachzuliefern. Deshalb war sie auch nicht zu enteignen, wie sich alsbald herausstellen sollte.
Unser Lehrer tat recht und scheute niemand. Wenn seine Bienen vormittags im schärfsten Flug waren, fiel die Schule aus.
Unser Lehrer hatte über acht Schneidezähnen Goldkronen, oben und unten.
Unser Lehrer schrieb uns geflügelte Worte hinters Ohr sowie ins Poesiealbum. Wir verdanken ihm viel, eine schöne Handschrift und märkischen Sand im Getriebe.
In den Pausen spielten wir Blindekuh, Schinkenkloppen und Dreh dich nicht um, der Plumpsack geht rum. In den Stunden erfanden wir das Schießpulver.
Waren dabei, wie unserem Marktflecken das Münzrecht verliehen wurde, und ganz bestimmt, wie Doktor Martin Luther das Tintenfaß gegen die Wand schleuderte.
Wir scherten uns einen Dreck darum, daß Karl IV. die Reichsacht über uns verhängte.
Wir haben vom Schwedentrunk genippt und uns totgelacht, als die Ziege unsre Fußsohlen leckte.

Wir mußten höllisch aufpassen. Hundeluft heißt Wo die Hinde läuft.
Wir waren es, die dem unseligen Waldemar das Geleit gaben, die beschlossen, unverzüglich die Sturmglocken zu läuten und aufzusitzen, wenn ein Soldat desertierte. Schwer lastete Napoleons Hand auf uns.
LEWER DOD AS SKLAW. Unser Lehrer band es uns auf die Seele. In allen vier Fällen und in jedem Fall. Die Spatzen pfiffen es von den Dächern. Der Schularzt impfte es uns unter die Haut. Es bildete sich honiggelber Schorf über der Stelle.

Unser Lehrer war nicht beirrbar.
Ruhmrediger Ohrenbläser.
Unser Lehrer sprach goldene Worte. Erteilte guten Rat in Ermangelung von besserem.
Wir liebten unsre Heimat auf Deibel komm raus.
Auf Treu und Glauben.
Im Kreuzstich.
Das paßte auf keine Kuhhaut.
Unser Lehrer hatte gut reden.
Unser Lehrer und die Morgenstunde hatten Gold im Munde.
Unser Lehrer betäubte seine Völker mit braunem Bovistaub. Verengte die Fluglöcher.
Unser Lehrer gab uns das Rüstzeug mit.

Vor dem Fenster schwamm der Zeppelin vorbei. Die Frau des Lehrers zog die Leinen kreuz und quer über den Hof. Hängte weiße Westen auf. Man hörte irgendwo in der Welt einen Kuckuck rufen. Er rief zehn Mal. Wir würden jung sterben.

In Tschenstochau Narwik Abbéville.
In Dover in Tobruk im Kaukasus.
Im Pazifik in El Alamein in Dresden.
Man ran, dat flutscht bäter.

Wir waren ganz Ohr. Manchmal mußten wir für unsren Lehrer Kirschen pflücken. Manchmal Bohnen. Wir mußten seine Holzmieten setzen. Moos suchen für die Winterverpackung der Bienen. Wenn mich nicht alles täuscht, mußten wir seine Königinnen erbrüten. Dafür gab er uns Birnen. Unser Lehrer gab uns viel mit. Die Mitgift Heimat. Ganze Truhen blutgetränkter Heimaterde. Unser Lehrer brachte uns Heimat bei auf Kosten der Pollacken und Franzmänner. Das war das hinterletzte. Alles andere konnte uns gestohlen bleiben. Ausgenommen Jerusalem die hochgebaute Stadt. Bis Jerusalem war nur ein Katzensprung. Und die Gemeinde zu Ephesus lag ganz in der Nähe. Die Tiere gingen paarweise in die Arche. Auch machten wir uns auf, als ein Gebot von dem Kaiser Augustus ausging, daß alle Welt geschätzt würde. Wir standen auf und sangen zweistimmig zum Harmonium. Wir mußten Blätter pressen. Den Schwamm naßmachen. Tinte nachfüllen. Manchmal mußten wir austreten.

Vorm Fenster stand der Zeppelin.
Glitt geräuschlos weiter.
Eine dicke Zigarre.
Und die war schwanger.

Trudchen Schuller war auch schwanger. Fiete Meinicke bemerkte es zuerst. Alle Mühlen stellten ihre Flügel in den Freudenstand. Ohne anzutreten, rannten wir in den Hof. Der Zeppelin und Trudchen Schuller wurden immer dicker.

Unser Lehrer prügelte namentlich. Für unseren Lehrer gab es keinen Dingsda. Unser Lehrer sprach ein Machtwort. Letztgenannter wurde zum Rektor befördert. Wenn es ihm zu bunt wurde, stieg er uns aufs Dach. Fackelte nicht lange. Da konnte man was erleben.

Da konnte man die Engel im Himmel singen hören.

An Sonn- und Feiertagen fuhr ich mit meiner Großmutter im Landauer zur Kirche. Sie sorgte sich um Sven Hedin, der in Tibet Gallensteine bekommen hatte, um die Zuspitzung der Agrarkrise sowie um die afrikanischen Sklaven, die auch heute noch vor dem Verkauf durch eine Mastkur mit veredelten Mangofrüchten in Hochform gebracht würden. Meine Großmutter und ich stiegen die Treppe hinauf, auf meiner Schulter ihr Arm, zu dem sich ihr stattlicher hinkender Körper gesellte. Erst als die Leichenfrau sie wusch, sah ich die tiefeingezogene Operationsnarbe unterhalb des rechten Hüftgelenks, daneben wäßrige Hungerödeme. Wir saßen gesondert auf unserer Empore. Die Füße in Fußsäcken. Meine Bekehrung erfolgte durch die Ganzwortmethode. Wörter überredeten mich. Wörter sangen wir sichtbar gegen die Kälte an. Singend war ich schon mündig. Singend konnte ich mitreden. Herzliebster Jesu, was hast du verbrochen. Der Klingelbeutel traute sich nicht zu uns hoch. Wir saßen da. Der Kantor klappte sein Taschenmesser auf. Karfreitag sagte der Pastor, alle hätten wir uns für Barabbas entschieden. Den Ysop hochgereicht. Dabei blickte er von der Kanzel zur Empore, wo wir saßen. Er stützte sich auf die Brüstung und blickte zur Empore, wo wir saßen. Aber da war er auf dem Holzweg. Alle. Meinetwegen. Nicht aber meine Großmutter. In allen ihren Taten ließ sie den Höchsten raten. Sie verwöhnte ihn mit unverfälschter köstlicher Narde. Der Pastor log. Seine Nase wackelte nicht. Ein Wort gab das andere. Der Kantor holte mit dem Taschenmesser das Schwarze unterm Fingernagel vor.

Der Zeppelin schwamm herein.
Erschien uns.
Ich saß da.
Das Bleylekleid kratzte.
Meine Füße zwei Eisklumpen.
Die Kälte aus den eingeschlafenen Beinen pflanzte sich wirbelweise fort.
Spätestens bei
Der Herr behüte eure Herzen und Sinne
würde sie im Kreuz, beim dreimaligen Amen
in den Haarwurzeln sein.

Ich sorgte mich nicht um Sven Hedins Gallensteine und die Zuspitzung der Agrarkrise. Ich hatte fünfzig Pfennig Kollekte in den Fausthandschuhen, außerdem für die Negerkinder Stanniolpapier.

Der Zeppelin stürzte in den Schlitz des Opferstocks.
Einmal hatte ich Ziegenpeter.
Einmal Würmer.
Einmal Läuse.
Immer kalte Füße.
Immer Angst vor dem Eberkopf mit den Stoßzähnen.
Nie durfte ich die Bälge der Orgel treten.
Der Pastor sagte nie Amen.
Die Katze tritt die Treppe krumm. Die Katze tritt die Treppe krumm.
Beim Anpassen kippe ich immer um.

Falle mir selbst in die Arme, anstatt in die ausgestreckten meines Herrn. Ich drücke den Schwamm in Essig. Stecke ihn auf den Zeigestock. Ich stehe auf. Der Fünfziger und das Stanniolpapier sind zu einer Bleikugel zusammengeklumpt.

Ich stehe auf tönernen Füßen.
Zu leicht befunden.
Zum Tode verurteilt.
Zu lebenslänglich begnadigt
neben meiner Großmutter.

Im Januar hatte ich Geburtstag. Jedes Jahr ging mir ein Licht mehr auf. Es hätte eigentlich immer heller werden müssen. Tote Hände ließen die Säume meiner Kleider aus. Schnitten Kerben in den Türrahmen oberhalb meines Scheitels. Nie bekam ich Holzpantinen. Auch nicht zum Schliddern. Dabei waren es anständige Winter. Die Wäsche hing erfroren auf der Leine, mit abstehenden Ärmeln. Die Bienen zogen sich zu einem Winterknäuel zusammen. Die Mädchen klopften Teppiche auf dem Schnee. Um das Maß meiner Verzweiflung vollzumachen, pflanzte ich den Weihnachtsbaum zwischen die schwarzen Grundrisse der Stuben. Der Weihnachtsbaum klammerte sich an einen Lamettafaden.

Im Februar wurde Mist gefahren.
Einmal hatte ich Scharlach.
Einmal Läuse.
Einmal habe ich Erdbeeren geklaut.
Einmal Nester ausgenommen.
Meine Großmutter sagte etwas auf französisch.
Der Sommer war auf ein bestimmtes Grüngelb verschworen.

Der Sommer war sehr schön.
Grüne Wochen.
Grüne Brause mit Geschmack.
Kein Lebertran den ganzen Sommer.
Alle Chausseen führten auf dasselbe hinaus,
auf windstille Plätze zur Herbsttracht.
An Kreuzwegen soll man schweigen.
Der Sommer grünte über den wahren Sachverhalt
hinweg
mit Koppeln Kiefern Moos
Farn Lupinen Tollkirschen Ginster
Bärlapp Kuhschelle Brennesseln.

Aber man täusche sich nicht: Urstromtäler bleiben Urstromtäler. Auch unter dem Deckmantel von Salomonis Seide.

Küsten ohne Meere.
Abgelagertes.
Aufgeschnittenes.
Lakonisches.
Ergebnisse kalbender Gletscher,
sagte unser Rektor.
Unser Rektor sagte: Versteinerte Riesenfarne.
Unser Rektor sagte: Abgleiten in den Untergrund.
Unser Rektor sprach große Worte gelassen aus.
Unser Rektor sagte Wörter, von denen sich unsere Schulweisheit nichts träumen ließ.
Unser Rektor machte sich einen Namen.
Unser Rektor war der Erfinder der Schwärmmethode.

Zu vereinigende Völker besprengte er mit Honigwasser. Schwärmreife Völker zerlegte er in zwei Teile.

Unser Rektor sagte: Ihr werdet euch noch umgucken.
Dreh dich nicht um, der Plumpsack geht rum,
bist dus oder bist dus nicht?
Verkrochen in die Schonung,
vor der ein Strohwisch dich gewarnt hatte?
Beläutet mit der kleinen Sterbeglocke.
Nie losgesprochen vor der offenen Lade der
Landschaft.
Mandeln Stoppelfelder hingefallene Hügel
Zugvögel Überlandleitung kippende Leitern,
zu hoch angesetzt. Bewimpertes Gelände, das
dir nachsieht.
Gichtbrüchige Heide.
Hausgemachtes Lila.
Ein Stück Erdkrümmung. Nicht wegzudenken.

Wo meine Jugend mir durch die Lappen ging. Wo ich verhoffte bis zum Verblasen der Strecke. Worauf eine würdige Feier sich anschloß.

Da saß ich
zwischen
den Stühlen.
Und immer
fand ich
die Schrotkörner
auf meinem Teller.
Genau gesagt, wo schlechte Verbindungen sind
zwischen Wüstenjerichow und Verlorenenwasser.
Unter Entengrütze
und den Schnüren vom Laich der Kröten.
Da komme ich her.
Da bin ich hergekommen.
Da vergrub ich vorher mein Silber.

Günter Bruno Fuchs

SCHULARBEITEN

Der Fortschritt
hat keene Lust, sich
zu kümmern um
mir. Und wat mir anjeht, habick
keene Lust, mir
um den Fortschritt
zu kümmern. Denn
unsereins
war ja
als Mensch
wohl zuerst da.

So, mein Kind, das
schreibste
in dein Schulheft
rein.

Nicolas Born

ERBMASSE

Von einem Elternteil dieses
vom andern Elternteil dieses:
die Nachteile nehmen kein Ende.
    Meine Hemden wasch
    meine Socken wasch ich
    Arme Beine wasch ich.
Wie ich mich wende wie ich auch liege
schief oder stehe – ich sehe mir ähnlich.
Stunden verwend ich auf mich
Tage auf das Mobiliar.
Ich esse Obst und bleibe gesund.
Selten mach ich die Liebe
selten bin ich Dieb im Discount
wöchentlich spare ich eine Rasur
mit der BLAUEN GILLETTE.
Ich bin mir nicht genug
die Anzahl meiner Stühle beweist es
und mein Hausstand wächst noch immer.
Von selbst ergibt sich
die Notwendigkeit von Anschaffungen.
Von einem Elternteil dies
vom andern den Rest.
Ich habe nichts hinzugekauft.

Jean Améry

FRÜHE WEIGERUNG

Viele Wege standen offen: nur einer freilich hat dahin geführt, wo wir heute stehen und wo ich selbst meine unbequeme Position habe. Was zwischen damals und heute geschah, ereignete selbstverständlich sich mit Notwendigkeit, mit multikausaler, setze ich hinzu, wage aber nicht zu erhärten: mit historischer. Es konnte keine Einsicht geben in etwas, was nachträglich sich als Notwendigkeit mit der ganzen Wucht des Positiven herausstellte. Wer recht behielt, hatte am Ende nur zufällig gesetzt auf die Sache, die Wirklichkeit wurde, blindes Huhn, das auch einmal ein Korn fand. Das ändert freilich nichts daran, daß das blinde Huhn von der Geschichte erwählt wurde, und daß ich in diesem Augenblicke – Frage in Parenthese: aber auch morgen? auch übermorgen? – bestenfalls mit freundlichem Spott auf den blind-tumben petit bourgeois von damals zurückblikken darf. Im Spott – oder gar im Zorn? Wir werden sehen.

Das Alpenland, das ihn aufzog und wo schon 1930 jener durch Schlamperei und Ineffikazität etwas gemilderte Faschismus seine folkloristisch kostümierten Truppen sammelte, die nachmals einen vorgeblich christlichen Ständestaat den tüchtigeren und blutigeren Gesellen von nebenan nicht sehr ernsthaft entgegenzusetzen suchten, war einer Fortschrittlichkeit, die provisorisch als solche hingenommen sei, ehe wir enger der Frage an den Leib rücken – das Alpenland war ihr nicht günstig. Aber wie denn? Arbeiteten und lebten 1930 nicht gleichzeitig in Wien: Alban Berg, Sigmund Freud, Alfred Adler, Karl Kraus, Robert Musil, Oskar Kokoschka, Franz Werfel, Moritz Schlick? Sie lebten und arbeiteten. Aber, von wenigen Ausnahmen abgesehen, war das kein Miteinandersein. Sie waren eingesponnen, ein jeder in das Universum einer besonderen Schöpfung, und nur aus weiter Entfernung nimmt man sie aus als jene Einheit, die sie in ihrer synchronen Präsenz keineswegs bildeten.

Freud und Adler waren verstritten. Karl Kraus lebte gegen jedermann in einsamem und politisch verhängnisvoll reaktionärem, wenn auch der echten Größe paradoxerweise nicht entratendem Größenwahn. Schlick und seine Freunde bildeten jenen Wiener Kreis, der nur außerhalb Wiens als wienerisches Phänomen erschien, wogegen er am Tatort (jawohl: am Tatort, denn Schlick wurde später in der Aula der Wiener Universität von einem Querkopf erschossen) kaum zu allgemeiner Anerkenntnis kam. Kokoschka hauste im Malerland, das liegt ohnehin im Irgendwo, jenseits Österreichs. Alban Berg war über einen winzigen Kreis verschworener fortgeschrittener Musikfreunde hinaus nur eine Unannehmlichkeit. Die Namen ergeben, addiert man sie, noch *kein geistiges Klima*, Bestand ein solches in einigermaßen definierbarer Weise überhaupt? Ein vorsichtiges Ja ist nicht unerlaubt: es gab ein Klima, und vielleicht ist der, von dem hier erzählt wird und der selbst eingedenk seiner frühen Unordnung das Wort ergreift, gar kein schlecht gewähltes Beispiel für die Witterungsverhältnisse. Er war so provinziell und heillos dorfidyllisch wie das von gemütlichem Raunzen widerhallende Land. Mit ihm befand er sich auf der Flucht vor der unannehmbaren Realität des Mangels. Flucht? Das sagt sich hernach so leicht und geschwind. Realität? Wer bestimmt ihren Grad? Und gar soziale Realität, ungreifbarste aller Größen – wer ist legitimiert, sie als so und so zu statuieren und mir vorzuhalten, ich sei vor ihrer Forderung desertiert? Die Wirklichkeit, meine Wirklichkeit jedenfalls, die ich aber auch nur zaudernd so benenne, da ich doch unmöglich des Ereignisses von damals in seiner Totalität habhaft werden kann, erscheint mir manchmal als sehr einfach.

Ich war Mittelpunkt eines geistigen Komplexes, der sich konzentrisch um meine Person ordnete. Man kann auch sagen, ohne den Sachverhalt zu verändern: die Elemente des Komplexes strahlten Kausallinien aus, deren Schnittpunkt mein Ich ergab. Den weitesten, im logischen Sinne weitesten, also: durch den Begriffsumfang den Inhalt fast zur Ungreifbarkeit verdünnenden Raum nahm in einer nicht mehr entflechtbaren Verschlingung von Erfahrenem und Angelesenem etwas ein, das ich Landschaft nannte. Wald, Berg und Tal, Feldweg, Hohlweg, Holzweg, Fels, Heide, schwarzgezahnte Hügellinie, Sichelmond und Abendstern, gelassen ans Land steigende Nacht, Stifter'scher Waldsteig, grüngolden funkelnde Waldesaugen Peter Hilles, eiserne Nächte des Thomas Glahn, Mühle im grünen Grund, deren man nur selten ansichtig wurde, darüber schwingend die Töne eines Posthorns, das 1930 nur noch auf dem Postkasten der österreichischen Bundespost vorkam, nordischer Birkenwald Jens Peter Jacobsens, wo ein Schuß im Nebel fiel, Wald, schwarz und schweigend stehender, Wald, den Hermann Bangs blutarme Nervenschwächlinge durchwanderten, Waldesdunkel, Waldeinsamkeit – Magie der ewig einen Chiffre Wald. Wenn man nur wüßte, wie sie zu dechiffrieren ist! Man kann von der romantischen literarischen Tradition sprechen, die jedes Forstrevier zur seelischen Konstituante machte. Man kann in unerschütterlicher Nüchternheit die physiologische Wirkung von Ozon und Chlorophyll feststellen, welche der Waldes-Chiffre einen sehr konkreten Sinn gibt, und behaupten, der ganze Überbau waldsüchtiger Irrationalität sei reduzierbar auf die Reaktion des neurovegetativen Systems. Andererseits läßt sich ins Treffen führen, daß die Landschaft einen Widerstand, der nicht manifest werden konnte, weil du zu wenig von dir wußtest, mediatisiert hat.
Einfacher gesellschaftspsychologischer Mechanismus! Du wolltest nichts hören und nichts sehen von der produzierenden,

wenn auch schlecht und wenig hervorbringenden Welt, so liefst du in den Wald und gerietest dort in eine Produktionsmaschine anderer Art, die den Untergang der Erde am Geist herstellte, den Geist als Widersacher der Seele, den Feldweg Heidegger'scher Anmaßung: das paßte dir und paßte zu dir. Denn, wenn du dich erinnerst, wirst du zugeben müssen, daß das verarmte Bürgertum, dem du entstammtest, sich ausgesperrt fühlte von den glänzenden Möglichkeiten der Urbanität. Der technisch-wissenschaftlichen Entwicklung, die einherging mit einem weitläufigen sozialen Umschichtungsprozeß, warst du armer Schlucker nicht gewachsen. Da berauschtest du dich, ein halber Knabe, an dem Fontane-Vers über Paris: „Ich bin für diese Herrlichkeiten / Vielleicht zu alt / Gewiß zu deutsch." Zu deutsch, du liebe Zeit! Gib endlich zu, daß dein Bewußtsein den Vergreisungsprozeß eines Bürgertums widerspiegelte, das sich erst später unter neokapitalistischer Prosperität eine neue und ziemlich aufsässige Jugendlichkeit zurückeroberte. Niels Lyhnes Birkenwald lag gleich neben Buchenwald. Inzwischen ist dir aufgefallen, daß neuerdings kein Mensch mit ästhetischer und philosophischer Selbstachtung sich ins Gebüsch verkriecht und angstvoll sowohl als auch tückisch die Landschaft ausspielt gegen die Stadtschaft. Es war die bloße und für immer dich bloßstellende Spießerideologie, es war ein exemplarischer Beweis dafür, wohin falsches Bewußtsein, wohin die Entfremdung – – – halt, halt, ich erhebe Einspruch. Nicht gegen die sachliche Konstatierung meines geistig stark zurückgebliebenen Verhaltens, für das günstigenfalls sich ein paar mildernde Umstände finden lassen, nur gegen den geschwinden Entfremdungs-Urteilsspruch.

Zugegeben: ich befand mich auf dem Waldgang, weil der Stadtgang, soll man an ihm froh werden und nicht in der Trostlosigkeit herumstreunen wie Raskolnikow, jenes Geld kostet, das ich nicht besaß. Cafés, Theater, Kinos, das waren für mich teure Späße. Die Waldeinsamkeit kam mich billiger zu stehen, daß sie auch intellektuell wohlfeiler ist, begriff ich nicht. Die ledernen Hosen, die man auf dem auch im Gebirge platten Lande tragen konnte, waren haltbarer als das verschabte städtische Gewand, das meine Armut nach außen kehrte. Das alles sei eingeräumt. Nur über die Entfremdung mache ich mir Gedanken: ich hab' es getragen, das Wort, manches Jahr, ich trag' es nicht länger mehr. Einmal, nicht hier, aber später im Laufe des Gesprächs, werde ich genaue Einsicht nehmen in das Dossier Entfremdung. Wem war ich eigentlich entfremdet? – nur soviel sei jetzt schon gefragt – dem Eigentlichen des Menschen? Was soll das sein? Man blieb und bleibt die Antwort schuldig. War ich vielleicht mir entfremdet als einem, der ich noch niemals gewesen war, aber hätte werden sollen, werden müssen? Ich stelle das für den Augenblick dahin, werde es aber aufnehmen, das sei gelobt. Sei denn immerhin angenommen, ich flüchtete im Zustande der Selbstentfremdung in den Waldesschatten und die Landschaft. Nur fällt mir ein, während ich dies niederschreibe, daß in Gesellschaften, die zwar dem Schema nach entfremdet waren, aber inmitten der Entfremdung Stabilität erlangten, der Gegensatz von Landschaft und Stadtschaft nicht zutage trat: Proust war Frankreichs sowohl großstädtischster Schriftsteller als auch sein sensibelster Landschaftspoet. – Was mich angeht, so war ich denn meinetwegen entfremdet, war auch ein durch Proletarisierung stadtflüchtig gewordener Bürger. Aber war ich darum schon ein potentieller Faschist?

Nein. Das war er sicher nicht. Daß aber diese zur Kalamität gewordene Landständigkeit ihn prädisponierte, eine den Faschismus vorbereitende Literatur in beträchtlichen Quantitäten zu absorbieren, bleibt leider wahr. Er ließ Döblins Alexanderplatz halbgelesen liegen und machte sich trotz gelegentlicher Widerstände, denn ein Vergnügen ist dergleichen Lektüre nicht und Langeweile steigt wie ein kelleriger Hauch daraus auf, an die Romane von Hermann Stehr, Heiligenhof, Drei Nächte; er ließ sich nicht abschrecken von der Herrenreiterei des Binding; ausgerechnet von Carossa wollte er das rechte Leben lernen, und wenn vom Landarzt die Rede war, dachte er an den nachmaligen Akademiepräsidenten und nicht an die Erzählung Kafkas. Unermüdlich plätscherte durch viele Jahre der alte Brunnen in seinem Ohr. Er geht gleich weiter (der Wanderer nämlich) und nun rauscht's wie immer. O freue dich, du bleibst nicht einsam hier. Viel Wanderer gehn fern im Sternenschimmer und mancher noch ist auf dem Weg zu dir. Es gingen aber gar nicht so viele Wanderer durchs Land in diesen Tagen, wiewohl die Motorisierung unbeträchtlich war. Jedenfalls nahmen die Leute für größere Strecken den Zug, nicht anders als in der „Modification" bei Butor, und der Sternenschimmer war ohnehin eine Abgeschmacktheit.

Carossa war da, Emil Strauß, natürlich der ewige Hamsun, den freilich selbst Thomas Mann zu dieser Zeit den größten Lebenden genannt hat, und mit ihnen Freund Hesse, der vielleicht morgen auf weiten mäandrischen Umwegen über die USA heimkehren und neu sich beleben wird, viel Skandinavisches zwischen Geijerstam und Pontoppidan, und unweigerlich das Lokale, das sich damals Wildgans nannte, Billinger, Waggerl. Nur vor gewissem Waldgelichter bewahrten ihn jene Zufälle, die uns oft im Leben Freunde, Bücher, Lehrer zuspielen und andere vor uns abdecken: so blieben ihm Forstausgeburten wie Kolbenheyer, Hermann Burte, Wilhelm Schäfer erspart. Doch ließ er sich durch eben die Landständigkeit, die manchmal im Verein stand mit glücklicherer Schickung, auf Rilke ein, auf Trakl, auf Georg Heym. Waren die Städte nicht Verlorene und Aufgelöste? Saß nicht ihr Gott, ein Baal, breit auf einem Häuserblock? Stand nicht ein Kreuz auf ödem Hügel, und verlor nicht im Walde, ja, im Walde und nicht in den

Straßen, sich eine rote Herde, und war man nicht mit dem Phantasus eher waldverloren als im Dickicht der Städte? Das System, dessen Zentrum er war, fügte sich nach dem obwaltenden Gesetze Eines, den wir unbesorgt um begriffskritische Problematik den Zeitgeist nennen dürfen, jedoch zugleich in weiten Bereichen auf eine Weise, die man nur mit dem Worte zufällig charakterisieren kann. Dem aus der Welt ihm Zufallenden, ihn Überfallenden sind zuzuschreiben die allein seiner Person gehörenden geistigen Ereignis- und Assoziationsfelder, die als objektive Realitäten elektro-chemischer Tatsächlichkeit existierten und als subjektiv erinnernd Beschwörbares noch heute physikalisch da sind. So ist auf diese rätselreiche Weise der Holz'sche Phantasus nicht nur Teil des Landschaftskomplexes, sondern ist unlösbar und ungut verfilzt mit dem Namen eines österreichischen Bundeskanzlers, Johann Schober, und einem Schlagerlied, dessen stumpfsinniger Text „O, Fräulein Grete" sich beharrlich hineindrängt in den nie vergessenen Vers: „Aus einem schmalen Kornfeld, schräg zum See / schattend, uralt / rindenrissig, krummknorrig, breitästig, blitzdurchspalten / bröckelnd, voll Lehm / hob sich / die / Linde." Krauses Wort- und Denkgestrüpp. Es war keine Ordnung in deinem Kopf. Daß du als ein Ordnungsloser, Ordnungsfeindlicher zwischen siebzehn und zwanzig standest, kann man dir vielleicht noch zugute halten. Es gab, man sieht es, jenseits der vagen Waldgestimmtheit nicht einmal innerhalb einer Richtung, die man zu deiner Zeit undifferenziert den „Irrationalismus" genannt hat, für dich ein geistiges Gefüge. Du wolltest offenbar von einem solchen nichts wissen. Es verlangte dich auch nicht nach einem Meister. Von Nietzsche wolltest du hauptsächlich hören, die Welt sei tief und tiefer als der Tag gedacht. Schopenhauer war dir gerade gut als background-music zu den letzten Tagen des Senators Buddenbrook. Im übrigen sahst du ihn mit einem heute auch von niemand mehr zitierten Professor namens Karl Joel als Romantiker. Was für ein Elend, Hegel? Aber der war dir nichts anderes als ein Denkspieler, und sein Spiel erschien dir hochgradig prätentiös und unerträglich gravitätisch. Du mußt wohl, um den sehr weiten Weg zu überblicken, den die Welt geistig fortschritt seit deinen Jugendtagen, einmal, und sei es nur augenblicksweise, Besitz ergreifen von dem Phänomen, das heutige junge Menschen sich an Hegel orientieren und dergestaltige Ortsbestimmung die jungen Leute zu ihren gegenwärtigen Lehrmeistern hinleitet. Ein Minimum an Aufrichtigkeit, und du wirst dir eingestehen, daß die Söhne und Enkel unvergleichlich scharfsinniger sind als die Väter und Großväter es waren, daß du als der, welcher du warst, und, wer weiß, in irgendwelchen Verliesen deines Geistes immer noch bist, dich ausnimmst wie ein Ritter von allertraurigster Gestalt, gemessen an den Nachgekommenen. Du warst so arm am Geiste wie am Beutel. Ich war warm. Armunselig. Der Mangel, von dem der späte Sartre soviel Aufhebens macht, war mein soziales und mein geistiges Geschick, das ich ganz ohne Vermittlung erfuhr. Bevor ich aber darlege, warum ich dennoch nicht glauben will, es seien die von heute um gar soviel gescheidter – ich schreibe das mit dt, Hinweis auf die Etymologie – muß ich mich noch umwenden nach dem, was ich meinen individuellen Wissens- und Assoziationskomplex genannt habe: dessen Hohlformen waren ebenso meine Wirklichkeit wie die plastischen.

Er überschaute, wie jedermann, nur einen ganz geringen Teil dessen, was die Zeit ihm hätte zubringen können. So nahm er fast ausschließlich Deutsches wahr, man beherrschte in diesen Tagen die Fremdsprachen, die man allenfalls gelernt hatte, nicht ausreichend. Gymnasiasten und Studenten blieben hübsch daheim am häuslichen Herd, niemand tauschte sie aus und führte sie hinaus über die Grenzpfähle. Was die Kenntnis des französisch, englisch, amerikanisch Hervorgebrachten angeht, war er auf den Zufall der Verlagstätigkeit gestellt. Man müßte einmal untersuchen, nach welchen Gesetzen Geschriebenes aus irgendeinem Land in einem anderen sich spiegelt. Als den großen französischen Schriftsteller qualifizierte er, aber keineswegs nur er, den Franco-Amerikaner Julien Green. Von Proust kannte er nur den Namen, das Asthma und den rotleinernen Einband eines Buches mit dem unmöglichen Titel „Im Schatten der jungen Mädchen". (Nur die Romanisten, die Ernst Robert Curtius lasen, wußten es besser.) Aus Amerika erreichte ihn der wackere Dreiser, der gleichfalls tapfere Upton Sinclair, beide damals schon in Jahren, allenfalls noch Sinclair Lewis mit seinem Babbitt. T. S. Eliot, nicht übersetzt, war ihm eine unbekannte Größe, dagegen rief ihn aus dem Fenster jeder Buchhandlung, aus jeder Literaturzeitschrift der fürchterlich gepflegt-langweilige Nobelpreisträger Galsworthy an. Dachte er an Italien, wollte ihm durchaus nichts anderes einfallen als d'Annunzio, und daß er auch den Zeno Cosini gelesen hatte, war ein Glücksfall, den zu nutzen er nicht verstand. Die Achtzehnjährigen von 1970 sind umgetriebener. Sie kennen ihre Fremdsprachen besser. Man überträgt fixer, wenn auch meistens schlechter als damals ins Deutsche. Einschränkungen aber sind auch da zu machen. Was wissen Sie, mein junger Freund, könnte ich gestelzt fragen, von Jacques Lacan, was sogar von Bachelard? Von A. J. Ayer kennen Sie auch nur den Namen oder ein paar Zeilen Sekundärliteratur. Und erbitten Sie doch einmal von Ihrem französischen Kommilitonen, mit dem Sie im Ferienlager diskutierten, Auskunft über Max Bense: da wird nur wenig herauskommen. Es ist nicht gar so weit her mit der Gleichzeitigkeit des Zeitgeistes, man soll sich keine Illusionen machen. Namen schnellen hoch, projizieren sich nach allen Richtungen, *wenige* Namen. Herbert Marcuse, als alter Mann erst in seiner Heimat zu Ansehen gelangt, wurde mit beklemmender Hurtigkeit auch gleich in Frankreich, Italien und einer für kurze Frist freien Tschechoslowakei zitiert. Weil er einem dumpfen Weltverlangen entsprochen, ein nicht formuliertes, aber dringende Bedürftigkeit befriedigendes Wort ausgesprochen hat? Es will mir das nicht in den Sinn, denn dann hätten doch Bloch und Adorno gleichermaßen international empfangen werden müssen, was aber keineswegs geschah. Die Behauptung erscheint mir nicht aus der Luft gegriffen, daß wir in der Brennpunkt-Situation bestimmter Personen ein essentiell monokapitalistisches Phänomen zu erkennen haben. Der Monopolkapitalismus spiegelt im intellektuellen Gesellschaftsspiel, das sich die Findung und Weitergabe weniger Namen, weniger Gedanken, weniger Sprachformen zur Regel macht, getreulich sein Unwesen ab. Der Name wird zum Gütezeichen, nach welchem man kauft. Er ist am Ende vergleichbar dem Riesenunternehmen, das alle anderen der gleichen Branche verschluckt. Der Käufer und Konsument geistigen Verschleißgutes ist konditioniert bereits durch die gesamte ökonomische Struktur, innerhalb welcher er zu wählen glaubt, während er als Verbraucher ganz bestimmter von immer weniger Großproduzenten hergestellter Waren gewählt wurde. Der intellektuelle Markt gleicht schließlich aufs Haar dem Warenmarkt: der Produzent hat dieses Marktes Grenzen erkannt und weiß auch, daß nur eine beschränkte Anzahl von Gütern feilgeboten werden darf, soll die Nachfrage nicht erschlaffen. Es läuft zu schlechterletzt darauf hinaus, daß immer mehr Leute gleichzeitig von immer weniger geistigen Phänomenen reden und schreiben. Und das ist die ganze triste Herrlichkeit intellektuellen Treibens in der kapitalistischen Gesellschaft. Ein unsichtbarer Bogen spannt sich hinüber zu den eingestandenen repressiven Staatsmaschinerien, denn ob der Gedanke von einem für Ideologie verantwortlichen Gremium vorgeschrieben wird oder vom Marktgesetz, macht kaum einen Unterschied aus. Jedenfalls ist es so, daß die Jugend unserer Zeit, die sich global informiert dünkt und darum die Informiertheit an die Stelle des perhorreszierten Begriffs geistiger Reife und Lebenserfahrung gesetzt hat, noch in der Bestreitung des Monopolkapitalismus diesem tributär bleibt. Der Intellektuelle kauft, wie sein geistig geringer bemittelter Nachbar die vielgespielte Schallplatte, nicht eigentlich Ideen auf dem Markte, sondern ein Vokabular. Er redet Slang, ob Marx-Slang oder Lévi-Strauss-Slang gilt gleichviel. Er glaubt, daß er reflektiere. Freilich doch, man kann es sagen: er reflektiert, strahlt genau das zurück, womit man ihn anleuchtet. Je fester die Hochburgen der Monopole stehen, desto rigider, wenn auch zugleich zur Wandlung disponibler wird der Zeitgeist. Er ist, dieser Zeitgeist, als ein Umgreifendes zugleich tyrannischer und flüchtiger als jemals zuvor, da doch das Marktgesetz den rapiden Verschleiß von Namen und Gedanken ebenso dringlich fordert wie den von Automarken. So gebe ich denn nur zu, daß heutige Jugend im Brauchen und Verbrauchen geistiger Ereignisse unvergleichlich rapider ist als die von ehedem. Ich halte es für möglich, aber mit Vorbehalten und inmitten nachdenklichen Zweifelns, daß sie gescheiter ist. Überzeugt aber bin ich von ihrem Respekt als einer formalen Kategorie, habe er immer auch radikale Respektlosigkeit zum Inhalt. Ihre Ehrerbietung gilt den je im Schwange stehenden Denk- und Sprachspielen, sie ist im Bezug auf die vorangegangenen Generationen nicht differenzierter, sondern homogener.

Er war nicht gescheit. Nur unabhängig. Kein Slang verbaute ihm den Zugang zu einer anderen Sprache. Kein Dogma bot ihm Hilfe, keines brachte ihn in Gefahr. Manipuliert war er nur negativ: durch seine eigene Unwissenheit. Er war auf sich gestellt und auf das Zufallende. Er hatte keine Philosophie, ermangelt einer solchen übrigens noch heute.

Peter Handke

DIE NEUEN ERFAHRUNGEN

1966 /
in Bayreuth /
vor einer Aufführung der Oper „Tristan und Isolde" /
steckte ich /
auf einem Parkplatz /
zum ersten Mal /
eine Münze /
in einen Parkautomaten /:
das war eine neue Erfahrung für mich /
und weil man stolz ist /
auf neue Erfahrungen /
war ich stolz /
auf die neue Erfahrung;
Ich fragte mich:
„Wann habe ich zum ersten Mal eine Tür mit eigenen Händen geschlossen? /
Und wo habe ich zum ersten Mal in einem Stück Brot eine Ameise mitgegessen? /
Und unter welchen Umständen habe ich Wasser zum ersten Mal dampfen sehen? /
Und wo habe ich zum ersten Mal unter einem Zellophansack keine Luft mehr gekriegt? /
Und wann habe ich zum ersten Mal einen Brief EXPRESS aufgegeben?"
Einmal /
in welchem Jahr? /
erwachte ich /
zum ersten Mal in einem fremden Raum /

und bemerkte zum ersten Mal /
daß ich in einem Raum war.
Einmal /
an welchem Ort? /
rief mich jemand /
– „Schnell! Schnell!“ /
zu sich /
über einen Weg /
und als ich zurückrief /
– „Ja! Ja!“ /
und dann lief /
und dann ankam /
bemerkte ich zum ersten Mal /
daß ich /
früher als ich ankam /
gelaufen war.

1948 /
an der bayrisch-österreichischen Grenze /
im Ort Bayrisch-Gmain /
„in einem Haus mit welcher Nummer?“ /
sah ich /
auf einem Bettgestell /
unter einem Leintuch /
hinter Blumen /
zum ersten Mal /
einen Menschen /
der tot war.

In Österreich /
später /
„Wann?“ /
Ich weiß nicht /

„Unter welchen Umständen?" /
Als ich einmal aufschaute /
und die Mutter erblickte /
die in einiger Entfernung /
„In welcher Entfernung?" /
In Entfernung von mir /
am Tisch stand /
und bügelte /
überkam mich /
weil ich sie dort /
ERBLICKTE /
zum ersten Mal /
SCHAM /
so daß der Abstand /
zum Tisch /
ein Schamabstand wurde.

1952 /
im Sommer /
als ich /
(vom Leichenschmaus zum Andenken an die gerade beerdigte Großmutter nach Hause geschickt, um einem Trauergast die vergessenen Zigaretten zu holen) /
den leeren /
stillen /
Raum /
betrat /
in dem die Tote /
drei Tage lang /
aufgebahrt war /
und /
in dem stillen /
leeren /

Raum /
nichts erblickte /
als eine kleine schmutzige Lache /
aus einer Vase /
auf dem Fußboden /
hatte ich /
zum ersten Mal /
im Leben /
Angst /
vor dem Tod /
und nur weil man sagte /
daß es einem in der Todesangst /
kalt über den Rücken rinnt /
konnte ich mich /
indem ich mir /
zum Schutz /
die Worte die man sagte vorhielt /
der Todesangst /
noch einmal /
erwehren.

Später /
sah ich /
(nachdem ich immer von *gefährlichen* Irren gehört hatte) /
zum ersten Mal /
einen *un*gefährlichen Irren /:
verschüttete ich zum ersten Mal /
COCA-COLA /
in den Schnee /
an der Großglockner-Hochalpenstraße /:
sah ich zum ersten Mal /
in einem Film /
auf den Befehl: HÄNDE HOCH! /

einen Einarmigen /
die Hand /
heben /:
sah ich /
zum ersten Mal /
eine Schaufensterpuppe /
mit Brillengläsern /:
hatte ich /
(als ich mich aussprechen sollte) /
zum ersten Mal /
keinem mehr etwas zu sagen.

Jetzt frage ich mich:

Wann werde ich zum ersten Mal von jemandem hören, der einen Regenschirm mit in den Tod nehmen konnte?

Heute /
(obwohl es heißen könnte: „Ich sehe es *wie* zum ersten Mal") /
sehe ich /
nicht zum ersten Mal /
ein Bild /
auf dem ein Vertreter der Obrigkeit /
einem durch die Obrigkeit Vertretenen /
nachsetzt /
und *nicht* zum ersten Mal /
lese ich davon /
daß jemand so lange geprügelt wurde /
bis er bereit war /
auszusagen /
daß er nicht geprügelt worden war /
aber /
wirklich zum ersten Mal /

sehe ich heute /
in der Straße in der ich wohne /
vor dem HOTEL ROYAL /
auf dem Gehsteig /
einen großen Fußabstreifer liegen /
und sah vor einigen Tagen /
zum ersten Mal /
das Innere einer Rolltreppe /
und sah /
zum ersten Mal /
einen gerade geangelten Fisch /
in der Faust /
eines Königs /
und sah /
zum ersten Mal /
ZUM ERSTEN MAL /
den Kaffee /
aus der Tasse /
jäh überschwappen /
auf das weiße Tischtuch /
im TRANSEUROPAEXPRESS.

(1967)

Hans Peter Keller

FORTSCHRITT

mein Vater sagte paß auf
die Sonne blendet
sofort
– das Dunkel das
macht auf die Dauer hellsehend

ich erwiderte
indem ich blinzelte
ins Zwielicht

meine Tochter mündig bemerkt
Augen auf oder zu
– wem
gelingt es schon
nicht geboren zu werden

katrine von hutten

ICH SCHLUG DEM WIND VOR

ich schlug dem wind vor
besser takt zu halten
er blies meinen vorschlag ab

ich zeigte den bäumen
wie man geht
sie fielen über mich her

ich riet den flüssen
gegen den strom zu schwimmen
sie fanden mich unklar

G. F. Jonke

DIE LEHREN DES LEHRERS

– *Der Bürgermeister ist der erste Mann im Dorf, er regelt alles zum Wohle des Dorfes, er muß sehr viel schreiben, gottseidank aber hat er eine hübsche Sekretärin, die Tochter des Bauern Huber, die ihm sehr viel Arbeit abnimmt.*
Der Lehrer hatte den Kindern gesagt, wenn sie dem Bürgermeister begegnen, sollen sie stehnbleiben, den Hut oder die Kappe ziehn, ihn, den Bürgermeister, nett, artig und höflich grüßen, wobei sie, die Kinder, mit ihrem Kopf nicken und Grüß Gott Herr Bürgermeister sagen sollen, wie er ihnen überhaupt Achtung vor den Erwachsenen, insbesondere Eltern, Großeltern, Urgroßeltern, Tanten, Onkeln, Großtanten, Großonkeln, Urgroßtanten, Urgroßonkeln und allen anderen näheren und entfernteren älteren Verwandten empfohlen hatte, denn diese seien ihr Vorbild, außerdem ehre man das Alter, benehme sich alten Menschen gegenüber nett, freundlich und hilfreich, lerne von ihnen, merke sich ihre einem gegenüber geäußerten Erfahrungen, denn damit erspare man sich und seinem Leben Vieles und Schreckliches, was jene durch ihre gemeisterten Erlebnisse schon hinter sich gebracht hätten.
– Außerdem:
Messer, Gabel, Scher und Licht
ist für kleine Kinder nicht,
man putzt sich jeden Tag die Schuhe,
man geht am Sonntag in die Kirche,
man wäscht sich am Abend ganz,
man denkt demokratisch,
man hat immer ein Taschentuch im Hosensack,
man mißbraucht nicht soziale Einrichtungen,

man putzt sich zweimal am Tag die Zähne,
man macht heute, was uns morgen allen nützt,
wenn man jemandem begegnet, grüßt man,
man erfüllt seine staatsbürgerlichen Pflichten,
man stellt keine ungehörigen Fragen,
man leistet in öffentlichen Verkehrsmitteln den Anweisungen des Schaffners Folge,
man liest keine schlüpfrigen Bücher, Romane und dergleichen,
man mißbraucht nicht die Ehe,
man benützt nicht die Toilette während des Aufenthaltes in den Stationen,
man verhütet nicht den Kindersegen,
was du heute kannst besorgen,
das verschiebe nicht auf morgen,
man befolgt die Weisungen der Enzyklika „humanae vitae" Papi Pauli Sixti,
man schließt im Winter Fenster und Türen, damit das Klo nicht einfriert,
man erreicht nicht durch Anwendung von Liebesspielen den geschlechtlichen Höhepunkt,
man steigt nach vorne ab, die linke Hand auf der linken vorderen Griffstange,
man beschädigt nicht Ackerkulturen,
man belästigt nicht Frauen,
man kommt nicht zu spät,
man treibt sich nicht in zwielichtigen Lokalen herum,
man läuft nicht davon,
man lehnt sich nicht aus dem Fenster,
man ordnet sich der Obrigkeit unter,
man zieht den Rotz nicht die Nase hinauf, sondern schneuzt ihn ins Taschentuch,
man bohrt nicht in der Nase herum,

man leistet keinen Widerstand gegen die Staatsgewalt,
man zieht die Hose hinauf, bevor man sich setzt, damit der Bug drinnenbleibt,
beim Essen nimmt man die Gabel in die linke, das Messer in die rechte Hand,
man sitzt aufrecht und nicht bucklig da,
man wählt die Partei, zu der man gehört,
wenn man hustet, hält man sich die Hand vor den Mund;
und zum Schluß:
man
lümmelt nicht,
wirbelt nicht,
tötet nicht,
ärgert nicht,
ändert nicht,
lärmt nicht,
haut nicht,
liebt nicht,
frißt nicht,
sauft nicht,
trotzt nicht,
lügt nicht,
stiehlt nicht,
schwätzt nicht,
schreit nicht,
protzt nicht,
sondern
man
leitet,
betet,
bürstet,
beichtet,
richtet,

leidet,
sputet,
reitet,
reitet,
reitet
(durch den Tag),
ferner:
man
macht,
kämmt,
lernt,
ehrt,
schaut,
grüßt,
geht,
sucht,
eilt,
blickt,
läuft,
rennt,
hilft,
seiht,
ficht,
leiht,
sieht,
läßt,
ißt,
schneuzt,
spurt,
reibt,
blitzt,
nährt,
saust,

schenkt,
nützt,
zehrt,
hängt,
putzt,
wäscht,
färbt,
bleicht,
flickt,
näht,
strickt,
feilt,
folgt,
wo man nur kann.

Auf die Kirche und das Pfarrhaus zurückkommend, hatte der Lehrer den Kindern die Funktion des aus dem dargestellten Fenster des auf der rechten Seite der Tafel neben dem dargestellten Brunnen dargestellten Pfarrhauses schauenden, mit erhobenem Zeigefinger dargestellten Pfarrers erklärt, er hatte dabei mit dem Stock, den er aus der linken Ecke des Raumes neben der Tafel hergenommen hatte, auf die neben dem dargestellten Pfarrhaus dargestellte Kirche gezeigt.

– Man macht sich nicht lustig über die Kutte des Pfarrers, denn diese ist ein Zeichen seines höheren Dienstes,
man lästert Gott nicht, viel weniger noch erzürnt man ihn,
man kommt am Sonntag nicht zu spät zum Gottesdienst, noch versäumt man ihn aus eigener Schuld, noch hält man andere davon ab,
man ist nicht unanständig in der Kleidung und nicht zu frei mit Personen des anderen Geschlechts,
man benimmt sich in der Kirche weihevoll,
man macht die Tür leise auf und zu,
man geht auf den Zehenspitzen,

man taucht den Zeigefinger in das mit Wasser gefüllte Weihwasserbecken neben der Tür, man berührt mit dem so angefeuchteten Finger die Stirne, fährt einmal von oben nach unten und einmal von links nach rechts,
man denkt in der Kirche nichts Unschickliches, Unschönes, Unreines, Unanständiges, Unschamhaftes, Unkeusches, noch hat man die Begierde danach,
man poltert nicht,
man hört auf die Worte des predigenden Pfarrers und merkt sie sich,
man versündigt sich nicht durch vorwitzige, lüsterne Blicke,
man lacht nicht, noch kichert man,
man vollführt in der Kirche keine unehrbaren Berührungen an sich selbst oder anderen, sondern
man läßt die Stille in sich hineinwirken,
man besinnt sich auf sich selbst,
rechtzeitig vorher aber noch geht man aufs Klo,
damit man nachher nicht stundenlang verhalten muß.

Der Lehrer hatte noch ein Stück Kreide aus der Lade des Katheders herausgenommen, die Lade hatte wie immer einen polternden Laut von sich gegeben, während der Lehrer sie herausgezogen hatte. Er hatte seine rechte Hand ins Innere der Lade versenkt. Daumen und Zeigefinger um das im hintersten Eck der Lade liegende Stück Kreide geschlossen, die Hand aus der Lade wieder herausgenommen. Die Kinder hatten das Stück Kreide in seiner rechten Hand gesehn, hatten ihre Bleistifte, die in den dafür vorgesehenen Rillen der Schulbänke vor ihren Gesichtern gelegen waren, mit ihren rechten Händen ergriffen, zwischen Daumen, Zeigefinger und Mittelfinger gepreßt, während der Lehrer die Kathederlade wieder hineingeschoben hatte, was wie immer den Laut von polterndem Holz auf Holz geschobenen Holzes und zum Schluß einen hohlen Schlag verursacht hatte, als das Ende der Lade, von der starken Lehrer-

hand getrieben, auf die hintere Holzwand des hohlen Ladenbehälters gestoßen war.
Der Lehrer hatte den Kindern neben die dargestellte Kirche auf der linken Tafelhälfte im Schrägriß das Weihwasserbecken hingezeichnet, er hatte in Form von Wellenlinien das Wasser in der kalottenförmigen Höhlung des Beckens symbolisiert, daneben hatte er den Altar hingezeichnet, die holzgeschnitzten Chorschranken vor dem Altar, die Kanzel, die Reihe der Bänke. Es seien dies, hatte der Lehrer den Kindern gesagt, sehr wertvolle, alte und auch schöne Holzschnitzereien. Er hatte auf die Tafel noch die Formen der ins Holz geschnitzten Ornamente gezeichnet, alle Arten der in der Kirche vorkommenden Holzschnitzornamente, Kreise, Vierecke, Ellipsen, Halbkreise, Rechtecke, Halbellipsen, Kreisausschnitte, Dreiecke, Ellipsensegmente. Er hatte in die die geschnitzten Ornamente darstellenden Figuren und deren Ableitungen Mittelpunkte und Mittellinien gezeichnet, in die Kreise und Ellipsen Punkte und Striche eingesetzt, so daß Gesichter mit Augenbrauen, Stirnen, Haaransätzen, Augen, Nasen, Nasenlöchern und Lippen entstanden waren.
– Solche Figuren und Gesichter sind in die Bänke, in den Altar, in die Chorschranken und in die Kanzel vor vielen, vielen Jahren von einem großen, bedeutenden Holzschnitzkünstler oder Bildhauer, wie man einen solchen Menschen auch noch nennen kann, hineingeschnitzt worden; dieser Mann muß ein großer Meister gewesen sein, er hat ein scharfes Messer hergenommen und damit die Figuren, die ich euch auf die Tafel gezeichnet habe, ins Holz hineingeschnitten, das ist eine sehr schwere und äußerst kunstvolle Arbeit, die Holzschnitzel sind am Kirchenboden gelegen, und dann ist der Kirchendiener mit Besen und Kehrichtschaufel dahergekommen und hat die am Boden liegenden Holzschnitzel zusammengekehrt.
Damals vor vielen, vielen Jahren sei der Künstler einen Tag,

bevor er mit der Arbeit begonnen habe, ins Dorf gekommen und vom damaligen Pfarrer auf eine heiße Rindssuppe eingeladen worden; der damalige Pfarrer berichtet darüber in der Gemeindechronik.

Rolf Bongs

IN AMERIKA GESCHRIEBEN

Es ist kein Jahrhundert vergangen.
Nur dreißig Jahre.
Oder vierzig.
Leicht abzumessen.
Oder schwer.
Endgültig,
niemals einzuholen
von den Toten.
Sie können nicht sprechen
von ihrer ausweglosen
Angst.
My brothers, meine Schwestern,
my sisters, meine Brüder,
lebend,
fehlerhaft wie ich.
Zu schüchtern,
euch die Hand zu geben,
denn ich weiß nicht,
ob ihr sie nehmen werdet.
Ob ihr wißt,
daß ich euch gleich bin?

Schuldig, beladen, ohne Schuld.
Schwarz, Weiß,
Erdformationen,
Jung, Alt.
Nichts wird vergessen werden,
dies nicht,
das Unausgesprochene, Lautlose, Drohende,
das Unaussprechbare
von Gestern und von Morgen.
Noch die Gesetze,
auf steinerne oder luftige Tafeln
geschrieben.
Aber vergessen. Außerdem.
Das Vergangene vergessen,
endlich, das Kommende annehmen,
um zu verändern,
was geändert werden wird.
Inmitten.
Potomac und Rhein
fließen in das gleiche große Meer.

Martin Gregor-Dellin

ERINNERUNGEN AN WÖRTER

Gewisse Wörter oder eine Art, sie auszusprechen, haben mir schon immer Unbehagen verursacht. Wenn ich einen angeborenen Hang zum Seltsamen und Extremen besitze, dann nicht diesen. Ein Wort, das ich nicht verstand, wie Pernambuco, Bombardon, konnte mich als Kind so verstimmen, daß ich den Tisch verließ und es draußen ausspuckte. Später beobachtete ich, daß auch andere mit Wörtern nicht fertigwurden. Eines Tages trat ein neuer Schüler in unsre Klasse. Malcomes. Die Lehrer gewöhnten sich nicht an ihn, weil sie seinen Namen nicht behielten. Jedesmal, wenn sie ihn aussprachen, ablasen, meist auf der falschen Silbe betont, der zweiten, fragten sie, woher er komme. Es kann sein, daß er seines Namens wegen wieder verschwand. Seine obere Zahnreihe stand vor. Er hatte wulstige Lippen, in die seine quadratischen Zähne tiefe Spuren eingruben. Die Stellung seines Gebisses verursachte außerdem einen Sprachfehler, so daß er selber mit dem Wort Malcomes Schwierigkeiten hatte. Wahrscheinlich haben alle ihn vergessen, nur ich erinnere mich an ihn. Ich kann auch den Ort Bonames nicht auf der Landkarte lesen, ohne an ihn zu denken. Ich weiß sonst nichts über diesen Mitschüler oder über den Ort auf der Landkarte. Das ist der einzige Zusammenhang. Alle Zusammenhänge entstehen durch Wörter, alles Unbehagen, alle Erinnerungen, die uns mit dem Unbekannten verknüpfen.

Hüttlebuck lag in einem Tal abseits vom Badeort, aber zu Fuß bequem zu erreichen. Eine Ausflugsstätte wie jede andere. Woher sie den Namen hatte, weiß ich nicht, ob es sie noch gibt, ist ungewiß, ich nenne den Badeort nicht, der Besitzer wird keine Erinnerungen an Wörter lesen, es gibt nur hunderttausend Buchleser in diesem Land, das ist wenig, er wird nicht darunter sein. In Hüttlebuck gab es Kaffee und Kuchen, seinerzeit, vor dem Krieg, als ich zehn Jahre alt war und mit meinem Vater nach Hüttlebuck ging. Eine scheußliche Art von Zwiebelkuchen, nach dem ich erbrechen mußte, es wurde mir fürchterlich übel. Ich habe den Geschmack noch auf der Zunge, ich aß nie wieder Zwiebelkuchen, wir waren nie wieder in Hüttle-

buck. Übrigens wird der Besitzer gewechselt haben, es ist zu lange her, der Krieg trennt uns von allem.
Nach dem Krieg, ganz woanders, marschierten zehn Jahre lang zwei- bis viermal am Tag Einheiten der Roten Armee an unserm Haus vorüber. Mit den breit nach der Seite ausfallenden Schritten Kleingewachsener, die schnell gehen müssen, aber ihren Vorderleuten nicht auf die Fersen treten wollen. Sie konnten den Gleichschritt nie ganz einhalten, durch die Kolonne lief eine Welle nach hinten. Ich kenne die Lieder nicht, die sie jeden Tag sangen, verstand ihre Sprache nicht, aber regelmäßig war ein Marschlied darunter, ein röhrendes Soldatenlied, das nach einem Refrain in eine Art Coda auslief, zwei Ausrufe, kurz geschmettert: die Hüttlebuck, die Hüttlebuck. Dann nichts.

Es war Cottbuser Korn oder irgendein harter Schnaps, der in der Dorfkneipe ausgeschenkt wurde, oder jemand hatte ihn mitgebracht: einer aus dieser undurchsichtigen Schiebergesellschaft, in die mich mein Onkel mitgenommen hatte, mich als Jüngsten, der nun angestarrt wurde, ob er mithalten könne beim Trinken, rot würde bei den Witzen. Das lallte, trank, die Ohren dröhnten, zwei oder drei Frauen, die immerzu kicherten. Dann dieser Mann in den Fünfzigern, der nicht viel sprach, die Mütze in die Stirn gezogen dabeisaß.
Bis das Wort kategorisch fiel. Kant, sagte der ältere Mann. Wissen Sie den kategorischen Imperativ? Handle so, sagte ich. Daß die, sagte er. Maxime, daß die Maxime deines Willens, sagte ich. Jederzeit, sagte er. Inzwischen wurde eine neue Runde ausgeschenkt. Zugleich als Prinzip einer allgemeinen. Gesetzgebung. Gelten könne, lallte ich mit schwerer Zunge. Hörst du, Kant, sagte eine der Frauen. Maxime. Ja, sagte er, als Prinzip einer allgemeinen. Mir drehte sich alles. Gesetzgebung gelten

könne. Ihr beiden, sagte mein Onkel. Maxime. Prinzip. Die Nacht endete in völliger Bewußtlosigkeit, mit einer jener Vergiftungen, die erst mit der Währungsreform aufhörten.

Klassenspiegel: Bender Beyer Brauer Degen Florian Gentzel Göbel Gratz Güttner Hampe Hofmann Holzschuh Kitschler Knickenberg Mäder Nette Nitzsche Oettler Prötsch Riedel Rohde Schettler Schiedt Schönherr Schumann Sommer Spelmeyer Vetter. Abgänge: Ackermann Amelung Dietzel Emus Haase Holze Kristalla Meienberg Müller-Dittmann Thiemey Tuch Wolfgang Zeymer.
Gefallen: Ackermann Gratz Holze Mäder Meienberg Schönherr Thiemey Tuch. Verschollen: Amelung Florian Güttner Schumann Spelmeyer Wolfgang Zeymer. Geflüchtet: Göbel Haase Hampe Kitschler Nitzsche Oettler Schettler Sommer. Einer Rollschuhclown in Spanien. Familienväter: Genossen: Funktionäre: der Rest Lehrer.

Von hinten durchquert er den Saal, an den Reihen der uniformierten Yankees vorbei, Urlauber von Okinawa. Pfiffe, Beifall, der Mann dreht sich um, dem Saal zu, Haarsträhnen seitlich der Glatze, eine riesige Nase, kleine Schweinsäuglein, Jubel und zur Bewegung seiner fast ungelenk nach vorn gestoßenen Faust: One of those songs! Fünfundzwanzig Jahre ist das her oder noch länger, viele dieser alten Filmkomiker sind gestorben, irgendwann habe ich einmal die Geste, die Stimme nachgeahmt: One of those songs, heiser, krächzend, aber vielleicht ist der ganze Mann auch nur eine Erfindung von mir.
Jetzt, heute, während einer Wahlnacht in Bayern, Fernsehshow bis zu den nächsten Nachrichten, ist das alles unwirk-

lich, Legende. Eine junge Sängerin, mehrere Nummern, mit guest star, speciel guest star. Dann singt sie wieder, aus den Kulissen tritt, immer noch die lange Nase, Schweinsäuglein, einen zerbeulten Hut auf dem Kopf, derselbe ungelenke Stoß des Armes nach vorn, die heisere zerbrochene Stimme: One of those songs!

Wir altern nicht. Alle literarischen Fabeln, die auf ein Nichtwiedererkennen gegründet sind, erledigt, abgetan. Unfug. Wir altern nur in den Augen der Jungen, für die wir schon immer alt waren, dem Tode näher.

3

MEINE GENERATION

Als wir
vom Frieden läuten hörten
wurden wir
mit den eingeschmolzenen Glocken
erschossen

Eva Zeller

Heinrich Böll

DER ORT WAR REIN ZUFÄLLIG

Blättere ich die Notizen vom Jahr 1966 Tag für Tag durch, dann habe ich den Eindruck, die Bewegungen und Tätigkeiten eines nicht no-, sondern motorisch Verrückten zu verfolgen, der mir fremd ist. Unzählige kleine, drei große Reisen, ein Umzug, ein Umbau, nebenbei ein Buch geschrieben, dem man seine „Ruhe" nachrühmte; eine seltsame, mir fremde Bezeichnung für ein Buch, das zwar mit einiger Sorgfalt und doch zwischen Tür und Angel geschrieben wurde. Dieser motorisch verrückte Fremde, dem man innere Ruhe nachrühmt, steht kopfschüttelnd vor dem Protokoll seiner unzähligen Bewegungen und Tätigkeiten, das er – auch für ihn selbst schwer leserlich – verfaßt hat, um Buch über die „verlorene Zeit" zu führen. Das Protokoll weist keinerlei innere, nur äußere Bewegung nach: Reise nach X., weiter nach Y., wieder nach X.; hier und da und dort das und das gelesen, hauptsächlich Dostojewskij, alle Tagebücher, Romane, Erzählungen, Briefe, die übersetzt und erreichbar sind; aus Taschenbuchausgaben Blätter herausgerissen, Stellen angestrichen, Seitenzahlen notiert. In der Bundesrepublik, in Irland, in Frankreich, in der DDR, in Holland, in Belgien, in einem Eifeldorf, in Köln, in der Sowjetunion, in Georgien.

Ich greife willkürlich einen Ort heraus: Auf der Rückfahrt von Metz nach Köln, zwischen Metz und Saarbrücken auf der Landstraße, stutzte ich plötzlich vor einem Ortsschild, das mir zunächst nur bekannt vorkam, dann, als ich hielt und nachdachte, eine ganze Kette vielschichtiger Erinnerungen auslöste. Ich konnte weder den Ort noch die Erinnerungen umgehen, ich mußte hinein und hindurch. Ich hatte das Städtchen schmutzig und von Menschen – hauptsächlich deutschen Soldaten – wimmelnd in Erinnerung: zweiundzwanzig Jahre später um die Mittagszeit erwies es sich als sehr sauber und fast menschenleer. Irgendwo mußte es auf einer ansteigenden Straße eine große Kaserne geben; hier, wo ich parkte, am Markt ein Hotel, ein Restaurant und die Kirche. Das Restaurant war da, das Hotel – etwas abseits die Kirche; die Topographie meiner Erinnerung stimmte nicht mit der gegenwärtigen überein: ich hätte die Kirche, das Hotel und das Restaurant anders plaziert; diese topographische Verzerrung blieb – der Ort kam mir kleiner vor als damals, und zweiundzwanzig Jahre später hätte ich den Weg zur Kaserne zurück nicht mehr gefunden. Vor zweiundzwanzig Jahren kannte ich fast jedes Haus in der kleinen Stadt, weil ich überall nach Quartier für meine Frau fragte, die an den Wochenenden herunterkam. Jetzt erkannte ich kein Haus wieder, und die Erlebnisse, an die ich mich erinnerte, fanden keinen Ort und keinen Platz; die Erinnerung hatte sich selbständig gemacht, der Ort war belanglos, beliebig austauschbar geworden. In einer der Nebenstraßen war eine schmuddelige Absteige gewesen, deren Besitzer immer gekränkt war, wenn Ehepaare bei ihm Unterkunft suchten; der Aufschlag für illegitime Rendezvous' war erheblich, eheliche Rendezvous' waren an den Tarif gebunden und brachten weniger ein. Auf den Bettüchern dieser Absteige waren gewöhnlich deutliche Spuren jener schwarzen Stiefelwichse zu sehen, wie die deutsche Wehrmacht sie an ihre Fußtruppen ausgab.

In kalten Nächten

Es ging rauh zu im Gewerbe: im voraus zu zahlen, bitte, und bitte, keine Zimperlichkeiten, es ist Krieg, meine Damen und Herren, Abschied und Tod, die im Krieg nah miteinander verwandt sind, stehen immer vor der Tür. Später glättete ich, wenn ich Quartier bestellte, den Unmut des Besitzers, indem ich, obwohl legitim verheiratet, einen freiwilligen Illegitimitätszuschlag bezahlte. Nichts ist peinlicher als das Gefühl, ein unwillkommener Gast zu sein. Wenn große Abtransporte bevorstanden in jene Gefilde, die man pathetisch als „Front" bezeichnet, war das Städtchen überschwemmt mit Müttern, Mädchen, Ehefrauen; war seine Einwohnerzahl schon durch die Soldaten verdoppelt, so stieg sie jetzt an solchen Tagen aufs Dreifache an, und die Zimperlichen blieben auf der Strecke; man sah Paare und Pärchen noch nach Mitternacht von Tür zu Tür ziehen, bettelnd um die Gunst, wenigstens im Wohnzimmer oder in der Küche die Nacht auf Stühlen oder Sofas verbringen zu dürfen. Es ist kalt draußen in Februar- und Märznächten. Möglicherweise stellen sich Zivilisten vor, Soldaten vor dem Abtransport würden besonders freundlich und liebevoll behandelt, da sie ja dorthin fahren, wo das Vaterland ihrer angeblich bedarf, um Großes zu bewirken. Das Gegenteil trifft zu: die letzte Ehre, die einem lebenden Soldaten erwiesen wird, besteht darin, ihn bis zum letzten Augenblick anzuschnauzen, zu schikanieren, zu verdächtigen, zu demütigen. Um so peinlicher wirkt jede feierliche Ehre, die man toten Soldaten erweist.

Wer wird je die Geschichte jener unzähligen letzten Umarmungen, Küsse, endgültiger Abschiede schreiben, die an jenen winzigen Orten fällig waren, wo Soldaten vor ihrem Abtransport ein letztes Mal ihren Mädchen, Frauen, Bräuten, Müttern und Vätern oder Geschwistern begegneten? Wie menschlich ist selbst die schmutzigste aller schmutzigen Absteigen, verglichen mit einer Remise, einer Waffenkammer, einer Wachstube oder gar einem Kasernenzimmer, in dem Soldaten wohnen, und dem man bis auf den heutigen Tag den neckischen Namen Stube gibt? Wer Glück hatte, einen Freund oder nur einen Bestechlichen auf der Wache, durfte, wenn der wachhabende Unteroffizier schlief, mit seiner Auserwählten in eine leere Arrestzelle gehen, die hinter dem Paar verriegelt wurde. Die Moral selbst der zimperlichsten Dame sinkt erheblich, wenn sie gegen zwei Uhr morgens immer noch frierend mit ihrem Kavalier durch die öden Straßen eines öden Kaffs irrt und keine Herberge gefunden hat; sie ist bereit, sich durch die Wache schmuggeln zu lassen und in einen Woilach gewikkelt in einer Futterkrippe zu schlafen, mit jemandem oder allein. Schließlich haben Vorschriften nur einen einzigen Sinn, sollten sie nur ein Schicksal haben: umgangen zu werden, und schließlich werden zwei Menschengruppen auf die schnödeste Weise in den Tod geschickt: Häftlinge und Soldaten.

Natürlich steht das nicht in den Landserheften. Es grenzt an Obszönität, und es hebt keineswegs die Wehrfreudigkeit, wenn ich außerdem noch bekanntgebe, daß in diesem stillen, fast verschlafenen lothringischen Städtchen, die system- und kriegsbedingte Schikane um ein Vielfaches gesteigert wurde durch liebenswürdige Vorgesetzte, die gerade jenen Ausgang und Urlaub sperrten, von denen bekannt war, daß sie Besuch erwarteten. In jeder Armee läßt sich jegliche Willkür innerhalb des Systems legal verankern: man kann jemanden zur Feuer- oder Fliegerwache einteilen, man kann an seiner Uniform einen Makel finden, man kann ihn provozieren, bis er ausfällig wird; man kann ihn notfalls warten lassen, einfach warten lassen auf die Unterschrift, während man selbst mit seinem weiblichen Besuch auf seiner Stube hockt und von einer Schallplatte das Lied „Tapfere kleine Soldatenfrau" abspielen läßt. Die Absurdität im Krieg verlorener Zeit, bis zum Irrsinn verletzter Sensibilität kann man ausdehnen, während vor dem Tor die Frauen warten: Huren, Mütter, Bräute, Ehefrauen.

Ferne Erinnerung

Zweiundzwanzig Jahre später gab die kleine Stadt keine Reliquien her, keinen Fetisch, an dem die Erinnerung sich sinnlich hätte festhalten können: Häuserfronten, Straßenpflaster, Straßennamen, Kneipen: nichts. Nichts. Der Ort war zufällig, belanglos. Was heraufkam, war die lange verdrängte oder nur aufgeschobene Erinnerung an ein System der Zwangsgemeinschaft, das um so unmenschlicher war, weil es auch noch Ehre und Ehren zu vergeben hatte, und das immer noch Ehre genießt und sich anmaßt, diejenigen an Denkmälern zu ehren, die es bis zum letzten Augenblick ihres Lebens schikaniert, gedemütigt und wie Dreck behandelt hat.
Ich blieb nicht lange dort, kaum so lange, wie man braucht, um eine Zigarette anzuzünden und zu Ende zu rauchen; ich guckte in ein paar Schaufenster hinein und sah, was man überall sieht: Transistoren, Elektrorasierer, Waschmaschinen. Die

Erinnerung wurde nicht warm, sie blieb kalt. Schließlich war ich in vielen Kasernen gewesen und hatte in allen das gleiche erlebt: diese Stimmung vor dem Abtransport, diese immer wieder verzögerten Abschiede, von denen jeder der letzte zu sein schien, bis dann doch noch der allerletzte und der allerallerletzte kamen, und noch einer – und die Soldaten fast froh waren, wenn sie in die Güterwagen stiegen, die für acht Pferde oder vierzig Menschen bestimmt waren. Gewiß war das der Sinn dieser bis in die allerletzte Grausamkeit ausgetüftelten Schikanen: den endgültigen Abschied zwar nicht leicht zu machen, ihn aber wie eine Erleichterung zu empfinden. Wer nur einmal jemand zum Zug brachte und eine Viertelstunde bis zur Abfahrt am heruntergekurbelten Fenster stehend Banalitäten austauschte, kennt diese grausame Sorte Erleichterung, empfand wohl auch die grausame Poesie des banalen Dialogs, der unter dem Zwang der Abfahrtszeit geführt wird, während man auf die Bahnhofsuhr blickt.

Ich warf meine Zigarettenkippe in die Gosse, stieg ins Auto ein, fuhr weiter. Selbst der Bahnhof, an dem ich vorüberkam, war mir fremd, nicht einmal seine Uhr brachte Wärme oder Farbe in den kalten Haß meiner Erinnerungen, und ich hatte doch so oft auf die Zeiger dieser Uhr geblickt, wenn Züge abfuhren oder ankamen. Als ich weiterfuhr, erwärmten sich einige Details, es tauchten sogar Blumen auf; sie hatten in dem Zimmer gestanden, das der Kantinenpächter innerhalb des Kasernenbezirks als Absteige im Kantinengebäude eingerichtet hatte und kostenlos jenen zur Verfügung stellte, die Ausgangssperre und Besuch hatten. Im Grau, im Schmutz und im schmutzigen Grau meiner durch Haß fixierten Erinnerung war kein Platz für Blumen. Sie paßten nicht, und sie paßten mir nicht: ich drehte das Autofenster herunter und warf die Blumen hinaus.

Heinz Piontek

ERINNERUNG AN DIE JUGEND

Nicht einmal Hopfen
gesehen
geschweige
einen Weingarten

Und doch hingestreckt
unter anderen leichten
Blättern:

meine ungebärdige Jugend.

Mir ist,
wir führten eine
harte Sprache.

Aus der Nähe sahen wir
das schwarze Blut.

Nur von weitem Mädchen,
Klaviere.

Auf einmal hatte ich,
der Jüngste
unter uns Schattenwerfern,
jenen unsichren Gang –

und nur die Stütze
meines Gewehrs.

Marie Luise Kaschnitz

BLEIBT UNS VOM LEIBE

Wir haben das erlebt, die ersten Bausteine, die von Hand zu Hand gingen, die Wand, die nicht mehr da war, dann wieder da war, stand. Oder die erste große Glasscheibe, in der sich die Wolken spiegelten, ein Wunder, und den ersten neuen Dachstock in der Ruinenlandschaft, da ging man hin am Abend, einmal, zweimal, dreimal, sah ihn sich an, die Sparren, das frische rötliche Holz. Nicht zu beschreiben, dieser Kloß von Hoffnung in der Kehle, diese Genugtuung im leeren Bauch. Jetzt werden die ersten Steine aus den Mauern oder aus dem Straßenpflaster gerissen und als Wurfgeschosse verwendet, jetzt gehen die ersten großen Glasscheiben in Trümmer, das erste Gebäude brennt. Eine Generation kann den nächsten Generationen nichts mitteilen als Daten, die alten Fotografien unserer zerfetzten Städte will kein junger Mensch mehr sehen. Bleibt uns vom Leibe mit euren schmutzigen Erinnerungen, eurer Sentimentalität. Vom Leibe, nur der eigene Leib speichert, was gewesen ist, aller Zellenerneuerung zum Trotz.

Simon Gerbert

TICKEN IN DER LEITUNG

„Praxis Doktor Keweloh – Guten Tag!"
Ich sagte meinen Namen in die Sprechmuschel.
„Herr . . ., bitte wie war Ihr Name?"

„Ach ja, warten Sie einen Augenblick!"
In der Muschel tickte es. Ein trockenes, tonloses Ticken. Dann brach es ab. Die Leitung schien tot.
Ich sah die Sekretärin vor mir, nicht hübsch, aber zu allen Patienten freundlich, auch zu alten Frauen, auch zu Kassenpatienten. Immer sagte sie mit gleicher Geduld: „Gehen Sie bitte zur Urinprobe ins Labor und warten Sie, bis Sie aufgerufen werden."
Die Kassenpatienten gingen durch die Tür, an der „Wartezimmer" stand. Die Privatpatienten kamen seltsamerweise gar nicht auf die Idee. Wie selbstverständlich traten sie durch eine Tür ohne Emailleschild. Ich horchte in die Muschel. Warum nur hatte sie „ach ja" gesagt? Dieses „ach ja" hätte sie sich sparen können. Es kam mir wie der Einbruch in meine Intimsphäre vor. In meinem Fall hatte ich ein Fall für sie zu sein. Mehr nicht, bitte sehr! Kein Schulterklopfen: „Ach ja, ich weiß schon, Verdacht auf CA."
Das tonlose Ticken setzte wieder ein. Ich hielt die Luft an, um festzustellen, ob das Rauschen in der Muschel von meinem Atem käme. Lächerlich daran zu denken, das trockene Ticken könnten meine Herztöne sein. Ich bildete mir ein, einen völlig normalen Puls zu haben. Was hier pulsierte, war höchstens das Leben draußen, außerhalb der verschmutzten Scheiben des Telefonhäuschens. In der Ferne Geräusche von Preßlufthämmern. In der Luft drehte sich blaufarben die Uhr der Bank für Gemeinwirtschaft. Ein Polizeihubschrauber überflog das Hochhaus. Die Vorstellung, daß Juliane, die dicke holländische Nationalmutter empfangen wurde, lenkte mich ab.
Dabei hatte ich gar keinen Grund, mich ablenken zu lassen. Mir war das ziemlich wurscht, was jetzt in der Praxis Doktor Keweloh vor sich ging. Vielleicht besprachen sie augenblicklich die Methode der Informationsübermittlung. Wie sag ich's meinem Kinde, meinetwegen auch meinem Todeskandidaten.

Nur dieses „ach ja" der Sekretärin störte mich. „Ach ja" ging sie gar nichts an.
„Hallo, hören Sie?" – „Ja, bitte?" – „Zu welcher Kasse gehören Sie" – „Zu keiner" – sagte ich erleichtert. „Ach ja, Moment, ich verbinde Sie weiter!"
Ich war's zufrieden. Erstens hatte sie also doch keine Notiz von meinem Fall genommen. Sie hatte lediglich versucht, mich in der Kartei der Kassenpatienten auszumachen. Auf dieser Stufe der ärztlichen Praxis war ich also anonym geblieben. Keine Information war ins Vorzimmer durchgesickert.
Wie hatten sich die Zeiten geändert. Damals legte ich größten Wert darauf, der Vorzimmerdame im Bunkerzimmer am Frischen Haff mit meinem vollen, bürgerlichen Namen bekannt zu sein. Der „Obergefreite" und der „Heimatschuß" war damals im Bunker Bertha am Frischen Haff zum Überleben zu wenig. Anonym zu bleiben, hieß keine Chance zu haben. Dafür hatte der Reichskommissar für die totale Verteidigung gesorgt. Wer wollte schon, nach allem was gewesen war, den Russen in die Hände fallen. Ich versuchte es einmal meinem Sohn klarzumachen. Er winkte müde ab und sagte gelangweilt: „Opa erzählt Geschichten." Dabei wollte ich ihm ganz schlicht sagen: Wenn ich damals die Arzthelferin im Keller von Heiligenbeil nicht vernascht hätte, wäre seine Geburt niemals zustande gekommen. Ich wollte ihm nur sagen, daß es mir damals nicht egal war, ob ich aus der Scheiße herauskam, oder nicht. Weil ich jung war, so jung wie er heute, und daß ich leben wollte, obwohl der Führer uns den Tod verhieß und daher bereits um die besten und schönsten Jahre betrogen hatte. Immerhin fehlte mir bereits der rechte Arm. Niemals mehr brauchte ich ihn für den deutschen Gruß. Das hatte auch was für sich. Eines Morgens, als ich aus meinem Erdloch bei Heiligenbeil aufstand, um in die Wintersonne zu blinzeln, die für mich als gewesener Gymnasiast auch an diesem Morgen noch

nach alter Weise tönte, wie gesagt, als ich gerade mit Altvater Goethe die tönende Sonne begrüßen wollte, flog mir der rechte Arm weg. Damit hatte ich meinen halbwegs vernünftigen Heimatschuß abbekommen, obwohl es noch ein weiter Weg bis zur Heimat war. Das wollte ich meinem Sohn erzählen. Aber er wollte es nicht hören „Opa erzählt Geschichten." Immerhin hätte es meine Birne sein können. Aber auch dieser Gedankengang war für meinen später gezeugten Sohn nebensächlich, nach dem Gesetz der Logik sogar überflüssig. Denn wenn mir damals die Birne . . .
„Hallo, sind Sie noch am Apparat?"
Ich wollte gerade unhöflich werden, denn immerhin sollte ich mir so etwas wie ein letztes, oder meinetwegen auch vorletztes Urteil abholen. Und am anderen Ende fragte man mich, ob ich noch „am Apparat" sei.
„Und ob!" – sagte ich, nicht heraushörend, daß mittlerweile die Sekretärin mich an die Assistentin von Dr. Keweloh weitervermittelt hatte. Die mußte ja meinen Fall genau kennen, hatte sie mir doch acht Tage zuvor die Narkose verpaßt. Zu sexy für diese Assistenz, dachte ich noch, als sie mir den Trip in eine sanfte Ohnmacht verschaffte.
„Wir wollen sicher gehen" – hatte Dr. Keweloh gesagt. Und: „Das gefällt mir gar nicht. Der rechte Drüsenlappen ist härter, als vor einem halben Jahr. Wir werden etwas Gewebe entnehmen. In acht Tagen haben wir Bescheid. Sicher ist sicher."
„Warten Sie noch einen Augenblick, ich verbinde Sie mit Dr. Keweloh." Warum diese Komödie? Entweder war alles okay, dann konnte sie es mir ja gleich sagen, oder wir hatten die Bescherung, dann steckten sie jetzt die Köpfe zusammen und überlegten sich die bestmögliche Beileidsformulierung.
Draußen am Telefonhäuschen hatte sich eine Schlange gebildet. Lauter junge Leute, die alle aussahen, als wollten sie Verabredungen für den Abend treffen. Ich zeigte auf die Hör-

muschel und zuckte mit den Achseln. Wieder war das kurze, tonlose Ticken zu hören und dann die Totenstille. Meine erhöhte Herztätigkeit, die ich genau verspürte, weil ich den verbliebenen Arm fest an die Brust gepreßt hielt, konnte auch von der Sorge kommen, daß einer der jungen Leute die Tür aufreißen könnte, um „Opa, beeil dich" zu brüllen. Ich lenkte mich damit ab, daß ich an Dr. Kewelohs hübsche Assistentin dachte. Diskret hatte sie das Frottètuch über meine Schamteile gelegt, um es spätestens nach Eintritt der Ohnmacht abzuziehen, damit ihr Chef mir sein Untersuchungsinstrument zwischen die Schenkel stechen konnte. Eine wohltuende Ohnmacht übrigens, zehnmal besser, als diese permanente Lähmung, die mich daran hindert, mit meinem Sohn ins Gespräch zu kommen. Gerne hätte ich ihm den beschämenden Grund genannt, dessentwegen ich damals davongekommen war. Es gab keine Möglichkeit, ihm auch diesmal von Freispruch oder Todesurteil zu berichten. Nachdem er mir einmal an den Kopf geworfen hatte: „Für deine Lust, mich gezeugt zu haben, hast du nun auch die Pflicht, mich zu unterhalten", war unser Gespräch abgerissen. Die Traumatisierungen der Väter, sind, wie die Dinge liegen, den Söhnen scheißegal.

Trauer überfiel mich. Hier, vor aller Augen liefen mir Tränen über das Gesicht. Ich sagte irgend etwas in die totgelegte Leitung und schüttelte mich, als seien mir die Tränen vor Lachen gekommen.

Ich dachte an meinen Freispruch, damals im Bunker Bertha am Frischen Haff. Nur weil ich der halbwegs ansehnlichen Arzthelferin von Herrn Oberstabsarzt zu Willen war, stehe ich heute hier und warte auf mein Urteil. Der Akt bei spärlichem Hindenburglicht tat ganz schön weh, weil der abgeschossene Arm immer noch mitspielen wollte. Aber was tut man nicht alles, wenn es ums Leben geht. Als dann die Verwundetenliste für den Abtransport aus dem Kessel am Kahlholzer Horn zusammengestellt wurde, stand ich mit an erster Stelle. Der Rest blieb zurück und durfte für Führer, Volk . . .

„Hier Doktor Keweloh", tönte es in der Muschel. „Ich gratuliere Ihnen. Gute Nachricht, alles okay. Wir wollten ja auch nur sicher gehen."

„Danke, Herr Doktor, ich werde mich am besten in ein paar Wochen zur Nachuntersuchung nocheinmal melden."

„Würde ich vorschlagen."

Ich hängte den Hörer ein. Er war an der Ohrmuschel und am Griff schweißnaß.

„Mann, das hat aber lang gedauert", maulte das junge Volk draußen.

Geradewegs ging ich in die Eckkneipe und verlangte einen doppelten Korn. Er brannte in meiner Kehle wie Feuer. Nur deshalb traten mir wieder Tränen in die Augen. Ich dachte an meinen Sohn, dem ich gerne die Geschichte erzählt hätte. Aber ich sah seine müde Handbewegung.

„Das brennt ganz schön", sagte der Wirt und schob mir zum Nachspülen ein Glas Bier über die Theke.

Heinz Piontek

GLÜCK HABEN: KEINEN SCHUSS PULVER WERT SEIN

Siegfried Lenz

DAS HAUSVERBOT

Ich überquerte die Halbinsel, ging den Strand entlang, bogenförmig immer den anlaufenden Wellen schräg entgegen und vor ihnen zurückweichend, sobald sie Ernst machten und über den festen, sandigen Grund zu mir heranschäumten. Der Strand. Die See. Aber erst einmal vor bis zum roten Leuchtfeuer, die Böschung hinauf, über den Deich und wieder hinab auf den Ziegelweg und an der Schleuse vorbei und an dem ausgebleichten Pfahl mit dem Schild „Polizeiposten Rugbüll". Der alte, radlose Kastenwagen, das Versteck der ersten Jahre, schien noch tiefer in den Boden eingesackt zu sein, die aufwärts gerichtete Deichsel war morsch geworden, zeigte lange Risse, und inmitten der splittrigen Ladefläche war ein Brett gebrochen. Also auch am Kastenwagen vorbei und am Schuppen, und am Fuß der Steintreppe blieb ich stehen, ich mußte stehenbleiben, denn über mir, im Türrahmen, wartend und durch die Perspektive auf mindestens sieben Meter fünfzig vergrößert – so wie damals, als wir Klaas auf der Karre angebracht hatten –, stand mein Vater und sperrte alles ab sozusagen, da war jedenfalls kein Vorbeikommen. Während er unbeweglich auf mich herabsah, nicht zur Seite trat, keine Hand ausstreckte, das trockene Gesicht nicht ein einziges Mal verzog, schien er sich noch höher auszuwachsen, drohend, so daß ich gar nicht den Versuch machte, zu ihm emporzusehen, ich behielt den Blick unten, starrte auf seine vor Nässe weißen Stiefelkuppen, auf die lehmverschmierten Gamaschen – daß er solche Gamaschen nicht nur tragen mochte, sondern auch noch gern trug – und stellte fest, daß die Schleifen, zu denen er seine Schnürsenkel gebunden hatte, gleich lang und säuberlich

waren. Er hatte Freude an gleich lang gebundenen Schleifen. Und er hatte auch Freude an der prompten Unruhe und der quälenden Unsicherheit, die er bei seinem Gegenüber hervorrief einfach durch diese begehrliche Art der Erwartung, da mußte man aufhören, das Beste von sich zu denken.
Was hat er diesmal herausbekommen? Was sollte ich zugeben? Ich starrte auf seine Stiefel, ließ das Schweigen über mich ergehen, mit dem er mich klein machte, willig machte, und nachdem er mich tatsächlich auf die Größe eines Fünfpfennigstücks eingeschmolzen hatte, bewegten sich die Stiefel im Türrahmen, die Stiefel näherten sich einander, sie drehten sich um fünfundvierzig Grad, so daß sie sich jetzt in ihrem knubbeligen lächerlichen Profil anboten, auch das Gesicht meines Vaters bot sich jetzt im Profil an, er stand mit dem Rücken zum rechten Türpfosten, gab also den Weg nicht nur frei, sondern forderte durch seine Haltung auf, ins Haus zu treten. Ich ging an ihm vorbei ins Haus. Ich blieb auf dem Flur stehen, hörte, wie er sich umdrehte. Ins Büro, kommandierte er, und ich ging ihm voraus in das enge Büro, es wird also Gespräche geben.
Anfangs beschränkte er sich darauf, in meinem Gesicht zu lesen, er hielt mich fest mit seinem vorzeitlichen Blick, doch diese Lektüre reichte anscheinend nicht aus. Er setzte sich mit dem Rücken zum Fenster und sagte auf gut Glück: Erzähl! Wie kann man antworten auf solch einen Befehl? Erzähl, sagte er, los, erzähl, ich hör noch nix. Mir war schon klar, daß er etwas Bestimmtes meinte, aber was? Erzähl! Tu nicht so scheinheilig, erzähl! Also gestehen, erzählen war für ihn gestehen. Du weißt mehr, sagte mein Vater, mehr als du mir erzählt hast. Ich denke, wir haben da was abgemacht, wir beide, wir wollten doch zusammenarbeiten? Was ist los mit dir?
Er stand auf, kam, beide Hände auf dem Rücken, langsam auf mich zu, da war schon vorauszusehen, was geschehen würde, dennoch zögerte er den Schlag – einen eher aufhelfenden als

strafenden Schlag – so lange hinaus, daß ich schließlich doch überrascht war. Mein Vater glaubte wirklich, daß der Schlag meinem Gedächtnis aufgeholfen, es befreit habe, er kehrte beruhigt zu seinem Stuhl zurück. Du bist doch immer drüben, sagte er, den ganzen Tag lungerst du 'rum auf Bleekenwarf, dir entgeht nix: also erzähl! Da er so sehr darauf bestand, also: Gestern gab es Streuselkuchen in Bleekenwarf. Doktor Busbeck saß in der Sonne und las, Jutta und ich kletterten in die Kutsche, die alte, weißt schon, die in der Scheune, und Jobst saß auf dem Bock und geriet so in Wut, daß er eine Peitsche zerschlug. Alles, was ich in meinem Gedächtnis aufstöbern konnte an unnützen Erfahrungen, bot ich ihm an: daß Brodersen, der einarmige Postbote, da seinen Tee erhielt, daß Ditte nach dem Essen schlief, daß wir die Enten vom Teich zu den Gräben jagten. Wie geduldig mein Vater auch Nebensächliches anhören konnte! Dann, auf einmal: Hast nix vergessen? – Den Regen? fragte ich. Den Spiddel, sagte er, diesen Busbeck, der etwas forttrug, sah aus wie eine Mappe. Aus dem Haus hat er es fortgetragen, ging zur Halbinsel rüber, wo du warst. Wenn du Augen im Kopf hast, mußt du ihn gesehen haben. – Ach der, sagte ich, ja der. Er kam über die Düne, sagte ich, er hatte es ziemlich eilig, er wollte zur Hütte und verschwand auch da drin, vielleicht wollte er was verstecken. – Meinst du? fragte er. Er blieb lange genug in der Hütte, sagte ich, vielleicht hat er was unter den Dielen versteckt. – Unter den Dielen? – Das ist doch das einzige Versteck da. Mein Vater schwieg eine Weile, dann sagte er: Das Verbot — es bedeutet ihm nix, er hat weitergearbeitet all die Zeit, heimlich. Aber ich werde ihn schnappen, diesmal halte ich ihn fest. Ich werde ihn schnappen oder seine Erzeugnisse, und dann wird ihm keiner mehr helfen können. Ich werde ihm zeigen, daß Verbote für alle gemacht werden, auch für ihn: das ist meine Pflicht. In der Hütte, sagst du, unter den Dielen? – Möglich ist das doch, sagte ich, das ist das einzige Versteck da. Mein Vater stand auf, ging an mir vorbei zum Fenster, machte etwas hinter meinem Rücken, was ich allenfalls erraten konnte: es klang, als ob er mit einem Messer den getrockneten Dreck von seinen Ledergamaschen schabte. Ich wagte nicht, mich umzudrehen. Ich stand und horchte auf die Geräusche, die er hinter mir hervorrief, als ein anderes, ein stärkeres Geräusch aus der Küche herüberdrang: meine Mutter hatte das Radio angestellt.

Zuerst zogen da nur Heuschreckenschwärme über Wellblech, dann jaulte und pfiff es, dann setzte jemand einen elektrischen Bohrer in Gang, dann meldete sich eine Stimme, die so lange unverständlich blieb, bis meine Mutter an dem Knopf drehte, der für Trennschärfe sorgte; jetzt wurde die Stimme klar, eine sichere, beinahe frohgemute Stimme war jetzt im ganzen Haus zu hören. Jedenfalls wurde mitgeteilt, daß Italien uns den Krieg erklärt habe, eine königliche Attrappe namens Victor Emanuel und ein hochgestellter Schlappschwanz namens Badoglio hätten das für nötig gehalten. Wir sollten uns aber, meinte die Stimme, keine Sorgen machen, nicht einmal enttäuscht sollten wir darüber sein, daß der ehemalige Waffenbruder und so weiter, denn nun erst, meinte die Stimme, ganz auf uns allein gestellt, könnten wir die Welt mit unseren Fähigkeiten bekanntmachen, nun erst, befreit von den Rücksichten auf einen ungewissen Partner, könnten wir die Tugenden zur Entfaltung bringen, die in uns steckten. Meinte die Stimme. Sie verriet Erleichterung. Sie verriet Zuversicht. Sicherheit verriet sie sowieso.

Also Italien, sagte mein Vater. Ich drehte mich um, er stand am Fenster und sah hinaus zu den Torfteichen. Im ersten Weltkrieg, sagte er, und jetzt wieder: so sind die Italiener: Tarantella und Pomade im Haar – sonst nix. Wir hätten das wissen müssen.

Er straffte sich, versteifte sich, schloß seine Hände zu Fäusten, spannte sein Gesäß, und auf einmal wandte er sich um und ging blicklos an mir vorbei, ging auf den Flur und ließ dort, indem er seine Uniform komplettierte, Koppel und Dienstpistole umband, einen vorschriftsmäßig ausgerüsteten Polizeiposten entstehen, rief in die Küche hinein: Tschüß, nech; sagte noch – vermutlich, weil meine Mutter gefragt hatte, wann er essen wollte –: Später, machen wir alles später, riß die Tür auf und holte sein Fahrrad aus dem Schuppen und führte es zum Ziegelweg, wo er aufsaß und in Richtung Deich davonstrampelte. Im Radio spielten sie den Badenweiler. Fahr nur, dachte ich, fahr nur.

Wie immer, wenn ich das Netz öffne, kommt zuerst mein Vater zum Vorschein, der Polizeiposten Rugbüll, der, nachdem sie ihn aus der Internierung entlassen hatten, wieder wurde, was er gewesen war und was jeder auch von ihm erwartet hätte zwischen Glüserup und der Husumer Chaussee. Drei Monate nur hatte es keinen Polizeiposten Rugbüll gegeben, doch dann tauchte er wieder auf mit seinem trockenen Gesicht und den schlecht sitzenden Hosen und übernahm sein Amt mit einer Selbstverständlichkeit, als hätte er keinen erzwungenen, sondern einen freiwilligen Urlaub gemacht; nur die Reifen seines Dienstfahrrades mußte er aufpumpen, weil die in der Zwischenzeit Luft gelassen hatten.

Nachdem meine Mutter ihm das kleine Ding abgetrennt hatte, diesen Adler, löste er selbst die Kokarde von seiner Mütze, warf beide, Adler und Kokarde, jedoch nicht weg, sondern legte sie in eine Blechschachtel und verwahrte die Schachtel in seinem Schreibtisch, und noch am selben Tag, vor seiner offiziellen Wiedereinsetzung, schwang er sich auf sein Fahrrad und strampelte den Deich hinab und ließ sich bereitwillig von jedem anhalten, um mit immer gleichen Worten, immer gleichen abwertenden Handbewegungen die Zeit seiner Abwesenheit zu bezeichnen: In Neuengamme, ja; halb so schlimm;

über das Essen läßt sich nix; die Behandlung im großen und ganzen war; von Übergriffen läßt sich nix, und so weiter. Nicht ein einziges Mal machte er sich die Mühe, ein neues Wort dazu zu erfinden oder wenigstens ein abgebrauchtes wegzulassen – wann immer er auch von seinen Erlebnissen erzählte, keiner wurde betrogen, es gelang ihm jedesmal eine wortwörtliche Wiederholung. Er kam zurück und setzte einfach fort, was er hatte unterbrechen müssen, auf seine Weise und in der Reihenfolge, die er allen Dingen gab. Er schloß sein Dienstbuch ab, spaltete Holz, fuhr mit seiner Pistole nach Glüserup, um sie dort abzugeben, grub eine Ecke des Gartens um, wo er Tabak pflanzen wollte und ihn auch pflanzte, zerrte Hilke von einer Feier im „Wattblick" nach Hause, wobei er ihr den Arm verstauchte, fuhr mehrmals nach Husum, von wo er sich einmal „Neue Polizeiliche Richtlinien" mitbrachte, die er sofort ungelesen wegschloß, machte Dienstfahrten mit dem Fahrrad, und eines Morgens, nach dem Frühstück, war denn auch die „Sache mit Klaas" dran.

Es besteht diesmal kein Anlaß zu erzählen, was es zum Frühstück gegeben hatte – vermutlich Hafergrütze, Brot mit Pflaumenmus und Ersatzkaffee –, wir mampften schweigend, mit unterschiedlichem Tempo, jeder die Schnitten der andern zählend, in uns hinein, dachten uns nichts, oder dachten uns allenfalls etwas, was wir schon einmal gedacht hatten, da sagte mein Vater plötzlich zu Hilke: Hol sein Bild. Meine Schwester, die nie einen Löffel in den Mund nimmt, ohne auf ihm herumzubeißen, so daß es klirrt und knackt, Hilke also biß, als mein Vater seine Aufforderung wiederholte, besonders kräftig zu und behielt den Löffel im Mund und würgte und blickte starr, blickte kuhäugig und schien nicht zu begreifen, was von ihr verlangt wurde. Klaas, sagte mein Vater, sein Photo, bring's mal, worauf meine Schwester den Löffelstiel losließ, den Löffel selbst aber im Mund behielt, verwirrt aufstand und mit den

Augen fragte, was sie mit den Lippen nicht fragen konnte, schließlich hinausging und nach einer Weile mit der gerahmten Photographie meines Bruders wiederkam, die seit dem Tag ihrer Verbannung im Dunkeln der Schublade gesteckt hatte.
Mein Vater nahm Hilke die Photographie aus der Hand und legte sie, Bildseite nach unten, auf den Küchenschrank neben den Wecker, beendete sein Frühstück, wartete geduldig, bis auch wir unser Frühstück beendet hatten, dann bat er darum, den Tisch abzuräumen. Der Tisch wurde abgeräumt. Ich weiß noch: ich zählte die Löffel, es waren vier. Wir stellten das Geschirr in den Ausguß, ich wischte die Tischplatte ab. Der Polizeiposten bewegte die Lippen, probierte anscheinend Sätze aus, blickte mitunter besorgt auf meine Mutter, die jedoch seinen Blick nicht erwiderte, die statt dessen mit ihrer Zunge beharrlich nachdenklich die Zahnlücken kontrollierte. Auf einen Wink setzten wir uns, Hilke und ich, während mein Vater aufstand, die Photographie auf das Fensterbrett stellte, sie eindringlich, weniger vorwurfsvoll als beschwörend ansah, geradeso, als wollte er Klaas aus dem Rahmen heraus und in leibhaftige Erscheinung rufen. Er soll zuhören, sagte er, er soll wenigstens dabeisein, so oder so. Ich sah gespannt auf die Photographie.
Jetzt umfaßte mein Vater mit seinen Händen die Stuhllehne, ruckte, warf seinen Kopf in den Nacken, faßte Klaas ins Auge und sprach zur Photographie hinüber: Reiner Tisch, auch mit dir muß reiner Tisch gemacht werden, wir können nicht auf ewig mit uns herumtragen, was wir denken, es muß gesagt werden, einmal muß es gesagt werden. Wir sind zusammen, weil wir abrechnen wollen. Wir alle wissen, was du getan hast, die Zeiten haben sich geändert, vielleicht, aber was du getan hast, hast du getan.
Er unterbrach sich, legte Daumen und Mittelfinger einer Hand auf seine Augen. Diesen Augenblick benutzte meine Mutter,

um näher an den Tisch zu rutschen und ihr Kreuz noch mehr durchzudrücken. Hilke kratzte sich unauffällig in ihren verfetteten Kniekehlen. Mit einem zischenden Laut ließ der Polizeiposten seine Hand fallen, sah sich in die Photographie ein, schüttelte den Kopf und sagte: Abschließen, wir müssen das ganze Kapitel abschließen und zu einem Urteil kommen. Da, wo ich war, habe ich dran denken müssen den ganzen Tag, was er über uns gebracht hat. Ich hab dran denken müssen, daß er zurückkam und kein einziges Mal seinen Fuß in dies Haus gesetzt hat. Kein Wort von Verzeihung. Zuerst die Schande und dann nich mal eine Bitte um Verzeihung. Drüben, bei dem da in Bleekenwarf, hat er gewohnt, bevor er nach Hamburg ging ohne ein Wort. Da muß man doch aussprechen, was gesagt werden muß. Reinen Tisch muß man machen.
In dieser Art sprach er weiter, er rechnete Klaas vor, was der uns angeblich eingebrockt hatte, ließ mildernde Umstände unerwähnt, weil er offenbar keine sah, redete die Photographie direkt an und wies sie darauf hin, daß auch eine Familie ein Gericht darstellen, einen Spruch fällen kann, da wurde ich hellhörig und versuchte mir, allem vorausgreifend, ein Urteil vorzustellen: Würde er Klaas für einige Jahre in den Keller einsperren? Oder würde er ihm befehlen, in unserm Beisein ein Pflanzenschutzmittel zu trinken? Ich dachte auch daran, daß er ihn zur Strafe für alles von der Mühle springen lassen oder ihn auffordern könnte, sich am Schild „Polizeiposten Rugbüll“ ohne fremde Hilfe zu erhängen. Oder würde er nicht so weit gehen? Würde er es mit lebenslänglichem Küchendienst bewenden lassen? Mit fünf Sommern im Torf?
Es wird keinen überraschen, daß er sich Zeit nahm mit der Urteilsverkündung, obwohl man ihm anmerken konnte, daß er nicht gern sprach, daß er mit einem Widerstand zu kämpfen hatte, als er uns – und sich selbst – umständlich an die Selbstverstümmelung von Klaas erinnerte, an seine Flucht und Aus-

lieferung, zuletzt an die Weigerung, nach Hause zurückzukehren, aber endlich kam er doch zu Pott, er ließ sich von Hilke die Photographie reichen und löste sie aus dem Rahmen, er legte die Photographie auf den Tisch, und dann rückte er mit seinem Urteil heraus.

Es erstaunte mich; denn, wie mir damals schien, fiel das Urteil trotz allem ziemlich mager aus: Klaas erhielt Hausverbot: Hört gut zu! Solange ich lebe, wird er sein Elternhaus nicht mehr betreten, und uns wurde untersagt, den Namen von Klaas zu denken oder auszusprechen. Ihr werdet ihn einfach streichen aus eurem Gedächtnis. Danach zerriß mein Vater die Photographie und warf die Schnipsel in den Küchenherd.

Meine Mutter stand auf, sie hatte wohl alles gewußt, vielleicht hatte sie alles beredet mit ihm, das möchte ich annehmen. Sie wischte die Krümel von ihrem Rock und brachte es fertig, in die Speisekammer zu gehen, wo sie eifrig tat: den Mustopf mit knisterndem Papier abdeckte, eine Saftflasche öffnete. Hilke und ich blieben sitzen, vermieden es jedoch, uns anzublicken, zu sprechen wagten wir schon gar nicht. Und der Polizeiposten? Der hatte gerade den Wecker aufgezogen, oder er war gerade dabei, das altmodische, aber zuverlässige Ungetüm mit seinem verhaßten Läutwerk aufzuziehen, als er plötzlich, langsamer und langsamer an der Schraube drehend, zu horchen begann, zu wittern, zu lauschen begann, und zwar mit der gleichen fremdartigen Erregung, die wir zum ersten Mal an ihm auf Külkenwarf entdeckt hatten, an jenem Abend, der der Heimat oder dem Meer, jedenfalls dem heimatlichen Meer gewidmet war.

Er horchte, er hatte etwas entdeckt, seine Hände zitterten. Er stellte den Wecker wieder auf den Küchenschrank, klemmte seine Finger unter die Hosenträger und zupfte an ihnen herum. Wohin lauschte er? Schräg nach oben, in Richtung zu meinem Zimmer lauschte er, aber da war niemand. Druck, der

Druck, unter dem er stand, machte ihn unsicher, er mußte sich anlehnen. Was noch? Schweißausbruch, natürlich, aufgesprungene Lippen, Augen, die heraustraten und trotzdem verschleiert schienen, meinetwegen seherisch. Er wehrte sich gegen etwas und verlor, keiner konnte ihm helfen. Dann bewegten sich seine Lippen, er redete stoßartig mit sich selbst, nickte heftig, als ob er alles bestätigte, und dann wankte er in den Korridor, wo er eilig seine Uniformjacke anzog, das Koppel umlegte, die Mütze aufsetzte, und verblüfft am Küchentisch sitzend hörten wir, wie er nach draußen stürzte, zum Schuppen, zu seinem Fahrrad, das er mit einem Ruck herumwarf.
Diesmal fuhr er davon, ohne sich zu verabschieden. Glauben Sie nicht, daß meine Mutter, als sie aus der Speisekammer trat, das Verschwinden meines Vaters bemerkte, und als Hilke unaufgefordert sagte: Er hat wohl wieder mal ein Gesicht oder so, da blickte sie nur kurz auf und stellte gleichmütig das Radio an, und bei Glühwürmchen, Glühwürmchen nahm sie sich das Geschirr im Ausguß vor. Mehr geschah nicht. Obwohl ich noch etwas erwartet hatte, es geschah nichts mehr, und ich drückte mich aus der Küche hinaus und stieg in mein Zimmer, das ich nun, da Klaas ausgesperrt war, immer für mich behalten würde.

Guntram Vesper

OSTERN IN FRANKFURT

Das war ein Bild voll Ruhe als wir
vor dem Stacheldraht standen keine Luftbewegung
alles wie aus Stein die Gesichter
über den grünen Mänteln wie mit

Fixativ übersprüht aber
nicht fremd ich hatte sie doch schon gesehen
auf Fotos die genau zu betrachten
sich gelohnt hatte in der Ukraine
waren sie aufgenommen worden Männer
einer Polizeieinheit in ein Dorf marschiert
angetreten in Doppelreihe
zu hören was zu tun war das sind
die gleichen Gesichter
auferstanden
wie mit Fixativ übersprüht

Peter Jokostra

DIE NEUE MASCHE

Erst als Matthei wieder in der Nacht auf dem Bahnsteig in Dirschau an der Weichsel stand und ein Lazarettzug mit hell erleuchteten Abteilen – hier gab es noch keine Verdunklung, hier waren die Nächte noch zum Schlafen da –, erst als er diesen Traumzug wie einen zündenden Blitz vorbeijagen sah, heimatwärts, belegt mit den Amputierten der letzten Schlacht, erst da glaubte Matthei zu wissen, was nun zu tun war. Er brüllte lauthals in die nebeldichte und schneetiefe Weichselnacht hinein. Denn er hatte einen Einfall, und er glaubte ihn gleich noch auf dieser Fahrt zurück zu seinem Ersatztruppenteil praktizieren zu können. Matthei hatte sich vorgenommen, spätestens in Mohrungen, wenn er umsteigen mußte und die letzte Phase seiner Kreuzfahrt ihn unweigerlich in die Kaserne zurückfahren mußte, spätestens also auf dem Bahnsteig oder im Wartesaal oder vor dem Bahnhof, jedenfalls überzeugend vor Zeugen „durchzudrehen".

Das war die neue Masche und keine andere zog!

Die Wirklichkeit enthält so viel Unwirkliches wie ein Mensch, den wir gut zu kennen glauben, Gedanken, die er uns verbirgt. Er versteckt seine Intentionen hinter dem, was er ausspricht und – wenn er ein professioneller Erzähler, ein Autor ist – was er schreibt. Das Unwirkliche tarnt sich durch die Realität. Das Sichtbare verschleiert durch formale Tricks die konkreten Inhalte der Wirklichkeit. Diese Expertisen könnte Matthei, wenn er zu diesem Zeitpunkt schon Inventur mit sich und seinem Verhalten gemacht hätte, an seinem „Fall", an seiner Existenz anstellen.

Matthei kokettiert mit der Möglichkeit des Wahnsinns oder genauer: mit einer simulierten Psychose als einem stets zurücknehmbaren, widerrufbaren, aufhebbaren Zustand. Welche praktischen Voraussetzungen bestanden an dem Winterabend 1943, als er in Mohrungen eintraf, mit dieser Methode, diesem ersten Versuch einer neuen Strategie Erfolg zu haben, das heißt ad 1) erfolgreich zu manipulieren?

Undurchdacht mußte der Plan, eine auch kritische Truppenärzte täuschende psychische Anomalie zu simulieren, scheitern. Würde Matthei selbstkritisch genug sein, das zu erkennen, bevor er in die selbstgestellte Falle lief? Wir sehen ihn – und er sieht sich aus 25jähriger Distanz zu dem Vorgang – eben aus dem Bahnhofsvorraum treten. Es ist ein kleiner, stiller, abseits des Landjunkerstädtchens Mohrungen gelegener Nebenbahnbahnhof. Matthei steigert sich mit aller verfügbaren Energie – viel ist ihm nicht geblieben! – in seine schizophrene Rolle hinein.

Weinen auf inneren Befehl hat er längst gelernt. Aber das Lachen auf eigene Weisung muß er noch üben, ehe es ein perfektes Satyrlachen wird. Es klappt noch nicht. Die später – genau ein Jahr später – gewonnene Perfektion auf diesem Gebiet manipulierter Ticks gibt ihm das Recht, sich heute als einen zu diesem Zeitpunkt, sozusagen im Frühstadium seiner neuen Taktik, stümperhaften Lacher zu bezeichnen. Jeder Sani hätte das Gestellte dieser Szene, die krampfhafte Fröhlichkeit hinter dem Tränenschleier, sofort durchschaut und Matthei als Simulanten entlarvt.

Matthei begnügte sich mit leisem Vor-sich-hin-und-in-sich-Hineinweinen, als er am Schalter den einzigen anwesenden Beamten nach der Standortkommandantur fragte.

„Is sich ihm im Schloß", beschied der kurzangebundene und gar nicht auf Mattheis Verrücktheit neugierige Hilfsfahrkartenverkäufer und drehte sich weg. Matthei machte sich, kleine Lachhopser übend, auf den Weg zum Ordensschloß, eines der vielen erhabenen Bauwerke dieser Landschaft, die den territorialen Anspruch der großdeutschen Herren auf Masowien zu rechtfertigen schienen.

Matthei erinnert sich, auf diesem Weg in sein Canossa – es war ihm zumute, als sollte er in ein Minenfeld gejagt werden, als wäre die ihm drohende Gefahr, in ein Strafbataillon gesteckt zu werden, schon unvermeidliche Wirklichkeit geworden –, er erinnert sich, vor der Kulisse des in hermetischer Finsternis – oder war es heller Mittag? – vor ihm aufragenden Burghügels von niemand bemerkt worden zu sein, obgleich er durch seinen desolaten Zustand eigentlich alle Augen auf sich gezogen haben mußte. Es war einfach niemand da, der ihm zuschauen konnte. Die Ausgestorbenheit, die Abwesenheit von Zeugen, warf ihn auf sich selbst zurück. Die Menschenleere – und das bezog sich auf Zivilisten wie Militärs –, das Niemandsland, überragt von der grauen Riesenhaftigkeit eines Monolithen, die Verschlafenheit, ja Teilnahmslosigkeit der Welt – denn hier manifestierte sich ihr wahrer, unbarmherziger Charakter – hemmten ihn in seinem Amoklauf.

Matthei lief in der Tat mit seinem Verhängnis um die Wette. Hätte er diesen Wettstreit mit den hemmenden Faktoren in seinem Wesen, die sich gegen seinen Wunsch zur Selbstvernichtung wehrten, die sich gegen Mattheis hastenden Lauf, mit dem er den Berg bestürmte, stemmten und ihn bremsten, ihn abfingen, tatsächlich durchgehalten, dann wäre er noch v o r seinem Unglück in der Kommandantur angekommen. Aber was hätte er dem Standortkommandanten über seine Person sagen sollen?

Jeder Spieler braucht Zuschauer. Erst wenn diese Beifall oder Ablehnung gezeigt haben, greift der Kritiker den Fall auf und begründet – so er sein Handwerk versteht – Laudatio oder Verriß.

Matthei hatte keine Zuschauer. Das Städtchen verschlief den Auftritt Mattheis, nahm keine Notiz von der Herausforderung des Simulanten, dessen Energien erlahmten, dessen Spiel sich totlief ohne mitfühlendes oder auch sich entrüstendes Publikum. So sah er in dem grauen Gestein, das sich wabenförmig wie ein Silo vor seinen Augen erhob und verschloß, lediglich die Versteinerung alles Lebens. Der Reflex bewirkte die eigene Versteinerung. Er brauchte nicht erst in ein Minenfeld zu geraten.

Der Weg über das Katzenbuckelpflaster des engen, feuchten, glitschigen Burghofes war mit Fußangeln und Knallfröschen abgesichert. So schien es dem Ermüdeten, dessen schlecht geübte Rolle ihn gnadenlos dem Kommandanten gegenüberstellen und Mattheis Versagen nun vor aller Augen demonstrieren mußte. Er registrierte mit Schrecken die Warnzeichen, als er endlich hilflos der ungeheuren Wand des Innenhofes konfrontiert wurde und unten rechts in einem wie verschütteten Winkel die kleine, offensichtlich verschlossene und unbewachte Tür bemerkte. Seltsam, es gab keinen Posten in diesem militärischen Bezirk. Das hatte Matthei noch nie gesehen und vor allem nicht erwartet. Denn wem sollte er nun seine Rolle noch einmal probeweise vorexerzieren, bevor er vor den Ortsgewaltigen treten konnte, um ihm mit künstlichem Angstschweiß (auch echtem, auch echtem!) und kreischender, überdrehter, sich überschlagender Stimme (Matthei dachte an Kastratengesang, so mußte er es machen!) zu gestehen (simpel genug!):

„Herr Hauptmann, ich bin bekloppt, ich drehe durch, ich bin der Kaiser von China, Napoleon, Bolivar, Sancho Pansa, Wellington, der Generalfeldmarschall und Reichsjägermeister Hermann Mayer oder meinetwegen auch Mölders, Udet und Curd Jürgens (den es allerdings in der Skala der Absonderheiten seinerzeit noch nicht gab, Matthei hätte ihn erfinden müssen!), Moses, Gandhi, Tut-enk-Amon, Picasso, El Campesino, Pancho Villa, Montezuma, Cortes, Magellan, Vasco da Gama, De Sade, Klabund, Lehar, Ludendorff, Ludwig Thoma, der Lederstrumpf, der Reichsstatthalter Koch und der General Tschang-Kai-schek (um auch den letzten Dreck zu zitieren und aufzuwühlen!)."

Matthei würde dabei die Augen verdrehen, einige Rülpser als Konfetti dazugeben, nach hinten umkippen, mit den Beinen zucken, winseln wie einst daheim in Pillendrehers Haus die jungen Airedale-Terrier-Welpen, als ihnen die Schwänze kupiert wurden.

Dann aber wäre er dort vor dem Ortskommandanten liegengeblieben und hätte selbst auf Fußtritte nicht mehr reagiert. Die hätten alle rhetorischen Kniffe anwenden können. Die hätten ihn nicht wieder auf die Beine gestellt.

So hatte sich Matthei diesen ersten großen Auftritt vielleicht vorgestellt. Aber noch so gut gespielt, noch so brillant inszeniert: es hätte ihm nichts genutzt, er wäre reingefallen. Die Übertreibung seines Zustandes, eben der simulierten Psychose, hätte ihn verraten, sie hätte ihn als Stümper, als

Anfänger demaskiert. Matthei mußte noch viel dazulernen in diesem härtesten aller Metiers, um zu erkennen – und es dann auch mit Erfolg anwenden zu können –, daß man mit Ticks und Tricks sparsam umgehen, daß man verhalten spielen, daß man diese komplizierte Rolle sozusagen mit kleinen Gesten und leiser Stimme in der Lautstärke eines Souffleurs anbieten und entsprechend agieren muß, wenn man glaubwürdig sein will. Kurzatmig, nicht lautstark wie ein Versammlungsredner! Also bitte keine große Schau! Die Schau ist verräterisch.

Und weil nun kein Posten vor dem Tor aufgezogen war, wurde Matthei daran gehindert, in selbstmörderischer Dummheit eine seine Absicht verratende Schmierenkomödie abzuziehen. Die Generalprobe fand nicht statt. Auch hier wurde ihm das Publikum verwehrt. Sollte er die Mauern anspringen, sollte er sich vor den verschlossenen Fenstern masochistisch bloßstellen – hinter denen die wachsamen oder betrunkenen, Skat spielenden oder rubelnden Wächter saßen (sie mußten dort ja auf ihn warten, denn eine Standortkommandantur ohne Wache gab es nicht in diesem gut organisierten Heer, besonders nicht im bürokratisch verwalteten Krieg der Ersatztruppe!) –, sollte er die Schau ganz für sich allein abziehen und sich hier draußen im Schlamm auf den buckligen Steinen wälzen, bis sie drinnen auf ihn aufmerksam geworden waren und endlich ein Wachhabender erschien, im Glauben einen besoffenen Urlauber vor sich zu haben?

Womit hätte Matthei diesem Vertreter der Ordnungsmacht imponieren können? Es gab keine überzeugende Methode, einem Wachposten im Dienst eine so komplizierte Technik vorzuführen. An der Versteinerung dieses Mannes wäre Mattheis Amoklauf einfach verdampft. Mit der plumpen Formel „Ich bin bekloppt" kann man keinen Soldaten unter Gewehr aus seinem Schilderhaus locken, das er mit sich herumträgt wie einen Kokon, in den er sich eingesponnen hat.

Erst als sich Matthei dieser Leere gegenübersah, erst als ihm klar wurde, daß er seinen „Anfall" nicht glaubwürdig demonstrieren konnte, gab er auf.

Ja, wenn die ganze Kompanie zum Ausmarsch angetreten, der Hauptmann auf der langbeinigen Trakehner Stute gerade aus dem Tor und vor die Truppe geritten wäre: das hätte ein glänzender Rahmen, ein plausibler Anlaß sein können, einfach umzukippen und zu schreien: „Ich bin Napoleon! Alles hört auf mein Kommando!"

Aber so, wie die Lage hier war, hätte Matthei wie ein Wohnungssuchender von Tür zu Tür gehen, dann eine zackige Meldung machen und in strammer Haltung Männchen bauen müssen: „Schütze Matthei möchte den Herrn Hauptmann sprechen." „W a s wollen Sie?", hätte ihn ein Feldwebel oder sonst ein Schreibstubenbulle angebrüllt. Aber hätte Matthei dann dort gestanden, stramm, mit angezogenem Kinn und Hand an der Hosennaht und zugegeben: „Schütze Matthei meldet sich vom Balkan zurück", das hätte genügt. Das wäre ein wirksamer Weg gewesen, eine so unterkühlte Szene, daß sie jeder Zuschauer, einschließlich des zu dem Vorgang hingezogenen Kompaniespießes, verstanden hätte. Denn hier wußte man ja nichts von Mattheis Balkanreise, hier hielt man die Front in Mohrungen, und wenn da ein Landser, der nicht zum Haufen gehörte, hereingeschneit kommt und sich vom B a l k a n zurückmeldet, dann wäre das ein triftiger Grund gewesen, an seinem Verstand zu zweifeln. Dann mußte der Kerl durchgedreht haben da unten bei den Partisanen!

Matthei ist diese Starrolle nicht eingefallen. Vor der Versteinerung der Kreuzritterfassade, grau, und oben, wo alle Giebel zu einem Gewölbe zusammenliefen, Fenster an Fenster, Auge in Auge, oben ein Himmel wie Tinte, die dick und zäh in Mattheis Augen tropfte und die Lider schwer und müde machte. Er mußte das Spiel abbrechen, bevor er den Prolog gesprochen hatte. Ganz vorsichtig – nur nicht jetzt noch erwischt werden! – schlich er sich aus dem Hoftor und schwankte stadtwärts zum Bahnhof zurück. Die Ermüdung, die ihn nun befallen hatte, brauchte er nicht zu spielen. Es blieb ihm keine andere Wahl, als im Vorraum des Bahnhofes die Stunden bis zum nächsten Anschluß zu verbringen. Es fuhren auf dieser Nebenstrecke Marienburg–Allenstein höchstens drei Personenzüge pro Tag und Nacht.

Im Gefühl einer unaufhaltsamen Niederlage, um das letzte Fünkchen Selbstvertrauen gebracht, rutschte er in die Ecke einer Bank, die zum Inventar aller Wartesäle gehört, ein Geschlagener. Er war nicht einmal mehr fähig, der Flüchtlingsfrau aus Düsseldorf, die ihm Details von Luftangriffen und Evakuierungen erzählte und sich um ihn größte Mühe gab, aus dem Labyrinth, in das er sich verrannt hatte, zu folgen. Die Freiheitskarte stach nicht mehr. Matthei hielt auch dieses Matsch für gefälscht. Er sank vornüber und schlief neben der Schwatzenden ein, die vor seinem Kopf eine Attacke mit Bierdeckeln abrollen ließ, um seine Aufmerksamkeit zu erzwingen.

Rainer Kunze

WIE DIE DINGE AUS TON

> Aber ich klebe meine hälften zusammen
> wie ein zerschlagener topf aus ton.
> (Jan Skácel, brief vom februar 1970)

1

Wir wollten sein wie die dinge aus ton

Dasein für jene,
die morgens um fünf ihren kaffee trinken
in der Küche

Zu den einfachen tischen gehören

Wir wollten sein wie die dinge aus ton, gemacht
a u s e r d e v o m a c k e r

Auch, daß niemand mit uns töten kann

Wir wollten sein wie die dinge aus ton

Inmitten
          soviel
                    rollenden
                              stahls

2
Wir werden sein wie die scherben
der dinge aus ton: nie mehr
ein ganzes, vielleicht
ein aufleuchten
im wind

Josef W. Janker

SUCHE UNBELASTETEN MEZZOSOPRAN

Nicht ausbrechen, denkt er, gefaßt bleiben, auch wenn sich wie früher verstohlen Gardinen bewegen und endlich sympathisch begriffsstutzig der kränkliche Vetter heraustritt, um Mertens das erwartete Stichwort zu liefern: ihr verlottertes Hauswesen ... Unter einem Rundbogen unbeschnittener Rosen seine zukünftige Hauswirtin. Großknochig, ungeschlacht, mit dem fülligen Körperbau einer Phlegmatikerin, zigeunerschwarz (War das schon ein Makel?). Sie führe, hieß es, den Lebenswandel einer leichtlebigen Fünfzigerin, eine ‚Reingeschmeckte', die halbe Tage vor dem Spiegel verbringe. Mertens schien es, als prüfe sie weniger ihre Erscheinung als vielmehr den Sitz ihrer verunglimpften, vorbeugend totgeschwiegenden Stimme. Das unzumutbare Geschäft des Gebärens und Stillens, während Sängerinnen in jeder Stimmlage ... (Gut, gut, die Liste ihrer Klagen und Vorwürfe war nicht eben kurz.)
Der Anblick der zu Tränen gerührten Verwandten, ihre pathetische Herzlichkeit übermannte auch ihn. Zunächst aber schien ihm nur wichtig, daß er genügend Zeit fände, sich auf das schwierige, Peinlichkeiten nicht ausschließende Zurechtfinden in dem personenreichen Haushalt vorzubereiten.
Ihr verstörender Mangel an hausfraulichen Eigenschaften. Das ökonomische Prinzip, wonach eine Eins darauf aus sei, eine Zwei zu werden, war seiner Tante fremd. Sie hatte zweierlei Hände, und sie brachte wohl nicht allzu viele Voraussetzungen für eine Ehe mit. Sie war mitteilsam, aber ihre Gesprächsbereitschaft galt nicht dem Kleinkram und Alltag mit seinem unmerklichen Verlust an Würde. Ihre Vorstellungswelt war durchsetzt mit den Verkörperungen ihrer Einbildungskraft.

Sie nahm kaum wahr, daß es daneben eine Wirklichkeit gab, die Ansprüche an sie stellte. Das Haus kam ohne sie aus. Die Hausleute über ihr waren schwatzhaft genug, diesen Sachverhalt zum Gegenstand nachbarlicher Mitteilsamkeit zu machen. Ihr blieb wenig Spielraum innerhalb der eigenen vier Wände, und das lag nicht nur an ihr.

In den elegischen Seufzern klang die Enttäuschung der ‚zigeunerschwarzen' Schülerin nach, die sich in ihrer grobschlächtigen Schwermut von der Bühne gewiesen sah. Verheißungsvoller Auftakt in jenem Marktflecken nahe der Grenze zwischen dem Innviertel und dem Waginger See, wo sie sich in der Passionswoche in geöffnetes Haar verströmte und in einer Rolle aufging, zu der sie nicht nur ihr Vorname Magdalena prädestinierte. Sie hatte Verehrer, noch bevor sie Freundinnen kannte; Laiendarsteller, Apostel mit angeklebten Bärten, die den Stimmbruch hinter und den Fahneneid vor sich hatten, die als gemusterte Einjährige ins Feld einrückten, wie Vieh verladen.

Die schüchtern sich ankündigende Stimme hielt sie mehr in Zucht als das Gezeter ihrer Verwandten, die um die Unversehrtheit des rasch aufschießenden Mädchens nicht so besorgt waren wie um ihren eigenen Ruf. Die ‚blinde Stellen im G'wand, der Schandfleck' (daß ihre Stiefschwester sich aus dem Boot gestürzt hatte, mußte alles, was sie tat und unterließ, an diesem einen Vorfall gemessen werden?) Schwermut als Erbteil an sie weitergegeben – genügte das nicht?

Zum Sprungbrett ihrer erträumten Karriere wählte sie München, das Zentrum der alldeutschen Agitation. Staubwischend im Salon eines stinkreichen Schiebers, Oktavsprünge übend vor den Ölschinken der beiden großen Einpeitscher Ludendorff und Tirpitz, hörte sie, bis zur Unwirklichkeit gedämpft durch die rotsamtenen Portieren, die Kommandos aus der benachbarten Kaserne.

Das Gnadenbrot einer knausrigen Herrschaft verzehrend, nie ganz sicher vor den Tastgriffen des zudringlichen Hausherren, wurde sie mit ersten selbstverdienten Billetts in den Stehrängen der großen Oper zum Menschen, prüfte ihren etwas brüchigen Alt an der Rolle der Marzellina. An der Seite eines angeblichen Mäzens hörte sie hingerissen Verdis ‚Falstaff': „Alles ist Spaß auf Erden, wir sind geborene Toren."
Ungekündigt entlassen, mit einer Kunstseiden-Garnitur mehr in ihrem Dienstmädchen-Koffer, an kurzen Sommertagen arglos zwischen blutjungen Fähnrichen, schob sie den Rollstuhl eines Kriegskrüppels durch die Isarauen. Im ‚Reigen seliger Geister' sich durch das Repertoire der Spielzeit trällernd, lebte sie politisch unangefochten in einer Gegenwelt opernhafter Verstrickung.
Zurückgerufen in ihr ärmliches Elternhaus, erfuhr sie vom Komplott einer Brautwerbung, deren deklamatorischer Reiz ihr zunächst entging. Zu dieser Zeit waren die heftigsten Auswüchse ihrer Tagträume schon gekappt. Ihr ging es jetzt mehr darum, im Opern-Chor unterzukommen. Hauptsache, man zwang sie nicht in eine überstürzte Heirat. Hauptsache, man erlaubte ihr den Besuch der Oper im Abonnement.
Aber die geschichtlichen Ereignisse bildeten selbst für sie ein mächtiges Stimulans; sie lieferten gleichsam das Modell für den eigenen Sturz „in einer Phase elementarer Erschütterungen". Während die Stadt in das Medusengesicht der fehlschlagenden, proletarischen Revolution blickte, vermerkte die Altistin lediglich das Überklebtwerden von Opern-Plakaten mit Streikparolen. Die Ermordung Eisners blieb für sie eine Schlagzeile auf Titelblättern. Daß ein hergelaufener Scherenschleifer aus dem Innviertel, gebeten und ungebeten, auf Veranstaltungen der vaterländischen Verbände erschien, berührte ihr Bewußtsein kaum. Die ‚Ordnungszelle Bayern' etablierte sich ohne ihr Wissen. Unter der Hand zerfiel ihr die Währung,

während sie schon großartige Brautkäufe plante und der Mezzosopran der Amneris durch ihren schweren Schlaf drang. Den ‚Deutschen Tag' in Coburg verbrachte sie mit Flotows Melodien vor dem Sparherd. In rasch aufeinanderfolgende Geburten gestürzt, blind für Widersprüche, lebte sie die Rolle der Beatrix in Cimarosas ‚Heimlicher Ehe'.

Die Freikorps kartätschten sich durch das rote Giesing. Die SA exerzierte auf dem Oberwiesenfeld. Tröstliche Mystifikationen dauerten an.

Ihr blieb nahezu ein Jahrfünft, die fehlgeschlagenen Hoffnungen zu Grabe zu tragen, hinter den Fenstern ihrer Freimanner Wohnung, über den Kreuzstichen ihres Stickrahmens. In der Ära Hindenburg verlor sie den Anlaß ihres Kummers etwas aus den Augen. Ihre eigene Misere büßte sichtlich an Proportion ein. Ohne jeden Mut zum Widerspruch und ohne rechte Lust für ihre hochfliegenden Pläne, nahm sie die unfreiwillig eingegangene Ehe auf sich, vergab Mutterrechte an eine Nachkommenschaft, um die sie nicht gebeten hatte.

Wie ein Schwamm sog sie in sich auf, was an allgemeinem Weltschmerz greifbar und untragbar war. Unter dem nicht mehr ganz faßbaren Kummer rang sie sich durch zu großmütigem Verzicht. Die Opern Lortzings, Verdis und Bizets häuften Stoff in ihr an. Glutäugig, eine bayrisch sprechende Carmen, wurde sie empfänglich für die ‚Macht des Schicksals'. Den Eingebungen ihrer Natur folgend und sie tapfer verschweigend, hielt sie über Waschzubern, Wickeltischen und Einkoch-Rezepten still, gab sich, solange die Brut heranwuchs, mit den Pflichten einer Hausfrau zufrieden.

Nicht hämische Geltungssucht warf sie auf ihre alten Kümmernisse zurück. Die Vorstellung, auszubrechen, war ihr jetzt schon fremd, wenngleich die Nachbarinnen, Braunhemden ihrer Männer lüftend, Bedauern laut werden ließen über die – wie sie vorgaben – vernachlässigten Kinder. Zu diesem Zeitpunkt kam auch das Gerücht auf, ihr Mann, der Schiffsbauer, würde mit Kindsbrei und Maggi-Suppen abgefüttert. Damals, als sie angeblich das ganze Haushaltsgeld in die Kaffeehäuser der Innenstadt trug, benahm sie sich mit ziemlicher Umsicht. Sie war nach wie vor unpolitisch, aber sie redete den neuen Machthabern nicht nach dem Mund, schneiderte nicht Hakenkreuz-Fahnen bei offenen Fenstern. Nur gelegentlich holte sie ihre Garderobe aus dem Motten-Schrank, nahm schmerzlich vermißte Gewohnheiten auf.

Das Wiedersehen vor dem Spiegel ersparte ihr nicht, Vergleiche zu ziehen zwischen der Altistin, die ihr eingeschüchtert aus der übergeworfenen Pelzstola entgegentrat, und der Schlampe von Hauswirtin, die sie in den Augen einer gleichmacherischen Umwelt war. Sie hatte sich den fülligen Körper und den Tränenblick nicht ausgesucht. Sie war nicht danach gefragt worden, wie sie auszusehen wünsche. Daß ihr Äußeres an die Stiefschwester erinnerte, die unter nie ganz geklärten Umständen ertrunken war, lastete auf ihr und lastete nicht auf ihr. Solange nur ihre Stimme den Makel verdeckte. Lediglich Seeufer mied sie und wurde zur erklärten Nichtschwimmerin.

Zum willkommenen Ärgernis für ihre Hausleute wurde sie erst, als sie, auf karges Taschengeld gesetzt, nachmittagelang durch die Türken- oder Amalienstraße irrte, freilich schon zu einer Zeit, wo sie auf die Fünfzig zuging und sie sich an das Schimpfwort vom ‚Kaffeehaus-Schreck' allmählich gewöhnt hatte. Ihr brach nicht mehr gleich das Herz, wenn sie an ihre besseren Tage dachte, als sie noch über das Gehalt des unkündbaren Zurichters bei MAFFEI verfügte. Sie weinte über eine tote Katze oder einen verlegten Opernzettel, aber als ein Sohn nach dem andern einrückte in einer Kluft, die sie unnahbar machten, selbst in den Augenblicken des Abschieds, blieb sie tränenlos. Der unbegriffene Wahnwitz des Krieges, der ein weißgeblutetes Land und eine leergebrannte Stadt zurückließ,

verflog mit den abziehenden Bombengeschwadern. Der Dauerton der Sirenen verstummte, doch das Schreckgespenst der Kellernächte hockte noch in ihr. Die Erinnerung an Demütigungen saß fest: die panische Furcht vor einem Sturz auf dem Weg zum Hochbunker.
Von Weinkrämpfen geschüttelt, rief sie, auf allen Vieren liegend, im Dröhnen anfliegender Geschwader, nach ihrem ältesten Sohn.

Walter Helmut Fritz

GIBT UNS UNSERE LAGE

I
Was sich da entfernt?
Nein, nicht die Zeit.

Nur wir gehen davon,
entfernen uns rasch.

Sehen bald undeutlich,
was zurückbleibt.

II
– dann räumt uns
der Tod weg.

Macht uns unsichtbar,
oder sichtbar, wer weiß.

Nimmt uns den Atem,
verteilt ihn neu.

Gibt uns unsere Lage.

4

ERZIEHUNGSTRAUM

den vater zeugen
den vater gebären
den vater erziehen

die mutter zeugen
die mutter gebären
die mutter erziehen

die lehrer zeugen
die lehrer gebären
die lehrer erziehen

dann geboren werden

Hermann Jandl

Hans Joachim Sell

DER ELTERNTAG

Tapisserie (Bericht an eine Freundin)

I Die Börse der Eltern

Als wir die Tordurchfahrt hinter uns hatten,
regelten schon die Großen die Auffahrt der Wagen
und wiesen uns ein zwischen die alten Linden.
Schon das, meine Liebe, gehört zum Fest. (Wie wenig
war ich darauf vorbereitet, dies gleich voraus.) Es geht

um die Größe und die Firmen der Wagen. Die Eltern
kommen wie auf einen Markt gefahren, um die
eigenen Kinder zu sehen. Aber sie sind es, die
man aus den schattigen Stallgebäuden,
in denen Füchse stehen, die auf eine Kindermelodie
eingeritten sind (bilde ich mir ein),
aber sie sind es, die Eltern,
die man aus Augen, die nur noch an ihresgleichen
gewöhnt sind, voll Neugierde und noch gut im Schatten sich
haltend und im besten Anzug
anschaut,
sie sind es, die auf dem Markt erscheinen: hier sind
Eltern zu haben. Meine Eltern. Deine Eltern.
Es bleiben genug übrig, die nicht kommen.
‚Deine Eltern hatten das vorige Mal noch einen
kleineren Wagen. Sie haben sich verbessert. Du
siehst, ich habe Dir von meinen nicht zuviel
versprochen. Mein Alter kommt immer etwas
später, dann holt er Mama ab.'
‚Wir wechseln jedes Jahr den Wagen.'

Alles ist bis auf die Stunde geregelt (gewiß).
Wer seine Kinder ein Vierteljahr nicht gesehen hat,
empfindet es geradezu als angenehm,
jetzt pünktlich sein zu müssen.
Die Kinder stehen zwischen den Wagen.
Die Wagen stehen wie in Boxen zwischen den
Linden.
Zwischen den Linden stehen die Kinder
wie Jockeys,
es wird ein Rennen geben,
sie werden zeigen, was sie gelernt haben, in ihrem
besten Anzug.

Aber auch die Eltern werden zu zeigen haben,
wer sie sind. ‚Du weißt doch, Frau Direktor
gibt sehr viel darauf, daß meine Eltern kommen,
beim Kaffee setzt sie meine Mutter immer
neben sich.' Es wäre komisch, wenn sich
einer ein paar Reserve-Zigarren einsteckte, die
Frau Direktor ist sehr großzügig.

Dann wäre also die Mannschaft beisammen:
der Wagen, der Jockey, die Eltern.
Die Mannschaften machen sich miteinander
bekannt. Hören Sie, meine Liebe, ich gehe hier nicht mehr
hin. Es ist mir zu hoffnungsvoll. Überall, wo Sie
auch hinsehen, ist Hoffnung. Das kann
keiner aushalten.
Ein weißhaariger Engländer, offenbar ein
Großvater, setzte sich, sein jugendliches Fotogerät
umgehängt,
auf den Rasen. Das war eine ver-
nünftige Geste, denn die Kinder stehen
ja andauernd stramm. Sie müssen heute
den Eltern zeigen, wie sie geworden sind –
na, ich sage Ihnen,
das Geld, das man hineingesteckt hat, muß
herausgucken,
die Haare sind etwas lang, aber der Hinterkopf
ist so hübsch; es gibt hier nur grauen Flanell
und ganz weiße Hemden; die Kniehosen sind
zu weit heruntergelassen,
unexakt,
‚Ich weiß nicht, wie ich mich bewege,
auf jeden Fall habe ich meine Freundin,
wovon die alle heute nichts merken.'

Und die Vorstellung, meine Liebe?
,Ist das Ihr Mann?' ,Nein, von dem ist sie
geschieden, aber sie treffen sich einmal im Jahr
hier. Wegen des Jungen.' (Er soll nicht auffallen) ,Darf ich Sie
mit meinem Mann bekanntmachen?' ,Ja, natürlich,
sie hat zwei Männer mit. Sie ist einfach
wahnsinnig schick.'
,Sagen Sie, haben wir uns vor zwei Jahren
nicht gesehen?' Ja, natürlich, aber man erkennt
ja kaum jemanden wieder
nur die Kinder
die Eltern wechseln rascher als die Kinder.
Die Eltern werden auf dem Markt noch schneller gehandelt.

Wie ich höre, hat die Schule viele
Preise gewonnen. Es ist eine gute Schule.
Das bestätigen einem alle Lehrer.

Warum sind die Eltern nur so neugierig auf
die Kinder? Sie führen informierende Gespräche.
Es weiß also ein anderer über mein Kind
besser Bescheid als ich. Ich lasse mich be-
lehren über seinen Charakter. Der Lehrer weiß,
daß er mir ein Geheimnis vorenthält. Er ist
in einem Bündnis mit meinem Kind, denn
er kann mir nicht alles sagen. Er ist na-
türlich viel mittelloser als ich, drüben, in
der Box, steht mein neuer Wagen, ich
werde mich übrigens noch umziehen zum
Tee, ,Donnerwetter hat sich diese Mutter dort
jung erhalten, bei fünf Kindern, denken Sie!'
Aber es ist natürlich vertrauenerweckend, wenn
diese Lehrer ärmlich angezogen sind.

So wirken sie einerseits wie Angestellte der
Kinder
Meine Eltern, Deine Eltern,
andererseits bleiben sie dem ganzen Rummel
etwas ferner.

Donnerwetter, ich werde mich
nachher beim Tee neben die Mutter
der fünf Kinder setzen.
Aber jetzt geht es los, zwischen den Linden
wird es ruhig, die gläsernen Besuchskisten
stehen mit geschlossenen Türen, ein paar
Chauffeure unterhalten sich. In den
Ställen ist es still, der Reitlehrer
probt noch.

Hören Sie, meine Liebe, ich gehe hier nicht mehr hin.
Es ist mir zu hoffnungsvoll. Überall, wo Sie
auch hinsehen, ist Hoffnung. Das ist offenbar
ein Ersatz für Familie.
In der Familie liegt die Hoffnung nicht offen herum.
Das ist erheblich menschlicher.
Hier wird sie angeboten.
Hier ist sie ein Teil des Programms. ‚Setzen Sie
ruhig Hoffnung auf Ihre Kinder, Sie dürfen!'
Es ist peinlich. In der Familie ist das Leben
wie ohne Lücke, Sie verstehen?, Sie sehen,
was sich da heranschlängelt, die Anschläge,
man würde das Leben in der Familie womöglich
gar nicht ertragen,
wenn man die Hoffnung sähe.

Der Bericht über das Jahr. (Die Mitglieder
des Lehrkörpers haben getan, was sie haben tun können.)

Ein Jahr seiner Kinder, das man
nicht kennt. Die Erzieher sind in der
Vorhand,
sie können Vertrauen aufweisen von allen
Seiten (‚Wir haben Kinder, die aus schwierigen
häuslichen Verhältnissen kommen')
schließlich ist es eine Gunst, daß das Kind
hier ist. Es wächst in gute soziale Beziehungen
hinein. (Ein Pult, Rosen: ‚Sie wissen, ich
bin keine Rednerin') Es lernt
besser als früher. (Die Oberprima steht
– wieso steht? – im Blickfeld des Ministeriums)
Erfolg auf Erfolg. Schwächen dürften bei diesen
Honoraren gar nicht vorkommen.
Oder?
(Vertrauensbruch, Taschengeld)
Hunger? Unsere Kühe stehen im ganzen Distrikt
an erster Stelle!

Schließlich sind sich alle Beteiligten einig: solange
es geht, sollen die Kinder hier bleiben.
Sie werden hier nicht gefangen gehalten,
sondern erzogen.
(‚Was haben Sie eigentlich für Erziehungsprinzipien?/
‚Keine! Anschauen, beobachten!
Ich gehe immer positiv an die Kinder heran!')
Sie reiten, spielen Tennis, musizieren, malen,
sie basteln, hören Vorträge, gehen spazieren
und lesen,
es geht ihnen gut.
(‚Ich glaube, wir haben schon früher
darüber gesprochen.')
Wie sollte es Fragen geben?

Dagegen hat man ein Mittel: die
Kinder sind entzückend. Sie haben sich
auf diesen Tag vorbereitet.
Sie zeigen, daß sie dafür, daß sie nicht
zuhause sind,
etwas zu bieten haben. Sie bieten an.
Sie bieten sich an (bildete ich mir ein).

Vorspiel.
Vor dem Musiksaal, als sich alles drängte,
hat der Baron mit einer Mutter, die er
noch nie gesehen hat, deren einer Träger
bis weit über die Schulter abrutscht
– ich sah es, denn er trat mir gerade auf die Füße –
einen bravourösen, einen bezeichnenden,
einen vorzüglichen Blick getauscht,
der gewichtige Herr aus Österreich. Jetzt, ich sage:
jetzt hört er die Kleine spielen. Sein
hochgemuter Bart ist ganz Andacht. Es ist
doch nicht zu fassen, wie die Kleine spielt,
‚ganz Duft und die kaum sich bewegenden Lippen'
und Eifer, nein sowas, man sollte sie
in den Nacken beißen und sie auf
allen Vieren, wie ein Hund vor Freude
jaulend, durch den Saal apportieren.
Dem Baron kommen die Tränen.
‚Die Kinder' (und die Versierten).
Und dann drückt man seiner geschiedenen Frau,
die einmal im Jahr auf dem
Nebenstuhl sitzt, die Hand. Die
sogenannte Brücke zu den Kindern.
(‚What is the thing called love?')

Da haben sie nun sogar Einlagen
fremdartigen Charmes, ganz neutrales Entzücken
Santa Lucia
jawohl, ein Hin und Her
ein Wiegen, er gibt schon her,
was er natürlich hat, der kleine Italiener
(Kronen und Ausland und Geld und Probleme).
Und diese ganze Peinlichkeit
ordentlich und vorschriftsmäßig servierter Anmut
will kein Ende nehmen.
Genießen, daß alle diese Kinder
eine Zukunft haben.
Für die man zahlt. Alle diese Eltern zahlen.
(Auch die, die nicht gekommen sind.)

II Die Herrschaft der Kinder

Wie wäre es, frage ich mich
von gefangenen Eltern zu sprechen,
den Kindern ausgeliefert?
Und wie lange wurde an diesen Netzen gewirkt,
die nun herabgelassen werden?
(Schüler können heute Lehrer herauswerfen, wußten Sie's?)
In diesem Kindergefängnis.
Äußerlich wie wundervoll:
Serviermädchen im Gleichschritt,
Blondinen in Habacht,
Nonnenvögel im Innenhof,
Gewölk über blauen Uniformen.
Ein dicker Mann ganz olivfarben, im Kolonial-Rokoko,
na fabelhaft, ich sage Ihnen,
aber wir werden doch hochgenommen von den Kleinen,
die häufig länger sind als wir,

die spielen ja gar nicht für uns,
weder Klavier noch Theater
meine Eltern, Deine Eltern,
sie bleiben ganz untereinander, auch wenn sie
neben uns sitzen,
sie spielen sich selbst,
sie spielen vor sich selbst,
sie sind übermütig, sie provozieren den Beifall,
sie kalkulieren ihn,
sie achten darauf, welche Mutter einen Handkuß erhält,
welche keinen,
schwarze Hüte, Violinen,
im Gegenstrich die Hüte noch einmal, noch einmal,
und Seide, enorm ausgeschnitten, ich sage Ihnen
trägt man zum Sportfest als wär's Longchamps,
ein Stück von ihr, ihr, ihr,
und Lachen, Bridge,
die frühere so schöne Zeit, wer erkundigt sich hier nicht
nach wem?

Ich gehe hier nicht mehr hin.
Dieser ganze Plunder, meine Liebe,
schwimmt auf der Leere eines Hofes,
ist eine lächerliche Zutat, Konfetti auf strengen
Gesetzen. Dann sehe ich lieber
Eisschränke und Elefanten. Dann lasse ich mich lieber
verschaukeln von einem Trödler.
Man hat mich hier mit Erdbeercreme traktiert,
weil ich keine Ahnung habe.
Ich durfte Opfergetreide sehen, frühes Getreide,
weil ich einen Neffen hier habe, nicht einmal
einen Sohn,
auf die Idee, mir einen Schrank zeigen zu lassen,

bin ich gar nicht gekommen,
weiß nicht, wo er schläft, kenne keinen Weg, auf dem er
spazieren geht, ahne nicht, wen er als Freundin hat,
der Block der Kinder ist das Nebensächlichste,
vor allem Violinen, die Pferde dann, dann Luft,
wir sollen kein Zentimetermaß verstehen,
sondern die Neubauten achten, Erweiterungsgeilheit,
es müßte hier Blickverengung geben vor üblen Arbeiten,
aber wir aalen uns in Wohlmeinung,
das zu brave Gesicht eines Lehrers erschreckt,
vielleicht, aber es verdeckt eine Zeichnung.
Ich sah den Hof.
Und wußte, daß der Hof den Jungen sonst nicht losläßt.

Karl Krolow

BÜRGERLICH

Seit längerer Zeit
Klasse ohne Zukunft
gutgekleidet und angenehm
beim Essen anzusehn,
bürgerlich,
mit aufgeheiterten Gesichtszügen,
Verständnis für
moralische Leistung und
Kriegskunst.
Klasse ohne Ästhetik,
doch voll Menschennatur
im Gartenhaus:

Figuren, gut im Zeug,
soziologisch weiter
interessant.
Behagen schwebt
auf und ab.
Wir wollen tun,
was wir können,
fleißig und im Walde
feierlich,
als zeitvertreibenden Genuß
Gefühl für Höheres,
ohne Übereilung.

Hans Bender

IRGENDWOHIN

Ich bin aufgestanden. Ruth hat mich geweckt vor einer halben Stunde schon. Ich bin wieder eingeschlafen, aber die Müdigkeit ist auch jetzt nicht überwunden. Es dämmert. Ein Radio ist hinter den Wänden zu hören. Auf der Straße unten das kurze Hupen der Autos. Mein Abendschlaf zwischen der Arbeit und der Nacht, den ich nötig habe, um aufzuspeichern, um nicht den anderen auf die Nerven zu fallen mit meiner Müdigkeit. Wie gut, die Müdigkeit brächte auch die Gedanken zur Ruhe. Die Sandalen stehen nicht nebeneinander. Die linke habe ich unter die Couch geschleudert, und nun muß ich mich bücken, mit schwindelndem Kopf. Ich finde sie und wanke über die Diele ins Bad. Ruth ruft aus der Küche: „Du weißt, wir sind eingeladen!" Ja, ich weiß. Sie hat es mir gestern, am

Morgen und am Nachmittag, als ich zurückkam, schon gesagt. Sie gibt sich immer den gleichen Erwartungen hin, als schenke der Abend eine Art Belebung. Ich steige in die Wanne und lasse den kalten Strahl über mich brausen, über den Kopf, die Arme, den Bauch, den Rücken. Vor dem Spiegel frottiere ich mein Haar, das schon wieder zu lang ist. Eigentlich sollte ich alle zwei Wochen zum Friseur, doch ich mag nicht das Getue in den Salons. Einer nennt sich jetzt Barber's Shop. Empire style, und die Preise sind dreimal so hoch. Die Haare regnen auf den weißen Umhang wie eh und je. Haare, als stammten sie von einem anderen. Mein Friseur strengt sich an, mich zu unterhalten. Er redet die Zeitungsüberschriften nach, und ich gebe ihm recht. Wenn die Meinungen fallen, fallen alle mit. Wenn ein Politiker, ein Sportler, ein Filmstar die Sympathien einbüßt, er findet keinen einzigen Verteidiger. Man sagt ja, und verbeugt sich dazu, unsichtbar. „Brauchst du noch lange?" ruft Ruth. Ich beende die unbefriedigende Rasur, ziehe den Bademantel an, gehe über die Diele in die Küche und setze mich an meinen Platz am oberen Tischende. Franks Platz ist leer. Sein Teller, seine Tasse stehen da. Ruth schlägt die Eisschranktür zu, sie stellt einen Paprikasalat im Glas zwischen den Wurst- und den Käseteller. „Ich habe nicht mehr gemacht, wahrscheinlich gibt es doch eine Kleinigkeit zu essen –", sagt sie. „Zu trinken ist garantiert genug da." Während ich es sage, höre ich mich diesen Satz schon vor früheren Einladungen sagen, so wie Ruth ihre gleichen Sätze sagt. Mir wäre lieber, sie finge an, von Frank zu sprechen. Ob er absichtlich zum Abendessen wegbleibt? Sie glaubt seinen Entschuldigungen noch: Schwimmen, Tanzen, Englisch. Sie schweigt. Sie macht mir vor, wie man dieses einfache Mahl eiliger zu sich nehmen kann als an Abenden ohne Einladung. Sie schneidet sich größere Stücke, sie greift schneller zur Tasse, zur Zuckerdose, zur Kanne. Sie sieht zur Uhr. 19 Uhr 30. „Kommt er überhaupt nie mehr zum Essen?" Ich bedaure es, so hart gefragt zu haben. „Er trifft sich mit Freunden, die morgen in Ferien fahren, nach Frankreich." Drei Entschuldigungen glaubt man weniger als einer. Sein leerer Platz – ich will mir nicht merken lassen, daß ich Frank vermisse, daß sein Ausbleiben mir weh tut, weil er, den ich vermisse, nicht mich vermißt. „Wir brauchen dreißig Minuten –", sagt Ruth. Ich höre auf zu essen, weil auch sie aufgehört hat. Sie beginnt, das Geschirr in den Spülstein hinüber zu stellen. Ich stehe auf, gehe ins Schlafzimmer, nehme das Hemd, die Krawatte, den Anzug aus dem Schrank. Ich wähle den dunkelgrauen, der sportlich geschnitten ist, der mich schlank macht, wie Ruth damals, als wir ihn kauften, gesagt hat. Ich sehe allen meinen Tätigkeiten zu: ich bücke mich zu den Schuhen, knote die Schnürsenkel, ziehe die Socken hoch, schnalle die Hosenträger fest, stecke die sperrigen Knöpfe durch die Manschetten. Vor dem Spiegel im Bad binde ich die Krawatte, die ich mir vor drei Jahren gekauft habe, und die ich immer wieder wähle, wenn Ruth nicht protestiert. Die Verkäuferin hat sie mir eigens aus der Vitrine geholt. Man trägt jetzt lebhaftere Dessins. Frank trägt eine Krawatte mit Rosenmuster und eine mit abstrakten Klecksen, gelb, orange, grün, und sie ist dreimal so breit wie gewöhnliche Krawatten. Die Jansen blickt mich jede Woche einmal an und sagt: „Sie haben sich verändert –" Drei Gedankenstriche. Sie läßt eine lange Pause folgen, als ahne sie auch den Grund. Nein, ihretwegen bin ich nicht verändert. Ich will auch nicht, daß sie dahinterkommt, wie ich die anderen sehe, deutlicher und undeutlicher, in verschwommener Distanz. Eine kühle Trennung hat sich vollzogen zwischen mir und den anderen. Ich höre sie, aber nicht so, wie sie glauben, daß ich sie sehe und höre. Mein Beruf ist mir nicht gleichgültiger geworden, doch ich ordne die Stifte auf dem Schreibtisch bedächtiger, ich denke länger nach, bis ich den ersten Strich setze, ich sehe die Reaktionen voraus, wenn ich den Kollegen meine Entwürfe vorzeigen werde. Ich sehe ihre skeptischen Gesichtsfalten, höre die Einwände, weiß, wie die Begutachtung verlaufen wird. Das Gefühl soll mitsprechen! Man holt die Lang aus dem Nebenzimmer, um das Urteil einer Frau zu haben. Die Jansen sei befangen, sagt einer, und alle lachen. Ich höre zu, ich widerspreche nicht. Ich sage ja. Der junge Thomas ist der einzige, der nicht klein beigibt, und gerade seine Entwürfe machen Aufsehen. „Bist du so weit?" fragt Ruth von draußen. Ich höre sie im Schlafzimmer hin und her gehen. Energische Schritte auf hohen Pumps. Die Handtasche klickt auf und zu. Die Schranktür wird geöffnet, geschlossen, geöffnet. Noch zwei Gänge zum Spiegel im Bad. Ich kann mir ruhig eine Zigarette anzünden. Frank hat eine Zeitschrift, die er sich jede Woche kauft, auf die Konsole gelegt. Ich blättere sie durch: Fotos von Filmschauspielern, Schlagersängern, ein Roman, das Fernsehprogramm, der Briefkasten, Mode, Anzeigen. Ein junges Paar, ganzseitig, ein sympathisches Mädchen, ein Junge, der Frank gleicht. Eine Legende erklärt das Foto: *Er ist sehr glücklich – aber auf einmal zieht sie sich zurück – und er kann es nicht begreifen.* „Sie gehört Frank", sagt Ruth, und steht vor mir im schwarzen Mantel, der sie noch fremder macht. „Wir können, Liebling –" Ich öffne die Wohnungstür, die Fahrstuhltür, die Garagentür. Ruth setzt sich ans Steuer. Seit zwei Jahren macht sie meinen Chauffeur. Sie setzt sich aufrecht, sie wölbt die Zunge zwischen die Lippen, sie fährt an, biegt in den Südring ein, auf dem wir in Richtung Innenstadt fahren. Die Fenster beschlagen sich von unserem Hauch. Ich drehe auf meiner Seite die Scheibe herunter. Ich sage, und bereue es im gleichen Augenblick, daß ich anscheinend nicht ganz auf Draht bin. „Du bist doch nicht krank?" Eine Frage, auf die sie keine Antwort erwartet. Nein, krank kennt sie mich nicht. Sie hat nicht diesen strengen Jansen-Blick, und es ist mir lieber so. Die Ampeln stehen auf Rot, und sie scheinen ihr jedesmal das Zeichen zu geben, mir eine Frage zu stellen. „Bist du verärgert wegen Frank?" „Er müßte nicht jeden Abend ausgehen –" „Glaubst du, daß die Wegeners kommen?" „Die sagen nie ab –" In der Innenstadt fahren weniger Autos, und auf den Trottoirs sind kaum Fußgänger zu sehen. Die Schaufenster sind erleuchtet, die Neonschriften brennen, aber es ist niemand da, den sie verführen können. Ruth sieht auf die Uhr, zum drittenmal. „Es ist unangenehm, als letzte zu kommen –" Solche dummen Sätze habe ich früher oft gesagt. Ich wünsche, wir führen weiter, weiter über diese Häuserschluchten, Schaufenster und Neonschriften hinaus, wo die Straße durch Alleen zieht, durch Wälder, an Kilometersteinen, an Wegweisern vorbei, irgendwohin, wo mich keine Menschenansammlung erwartet, wo ich nicht einzustimmen habe in Gerede, Gelächter, Klatsch. Als ich selber steuerte, bin ich einmal losgefahren, irgendwohin, ohne Ziel. Es schneite, der Scheibenwischer kam nicht nach, die Flocken wegzuwischen, die sich so eifrig gegen die Scheibe drängten. Das Licht des Scheinwerfers schien sie anzuziehen. Flocken – kleine, denkende Wesen, die ein Leben zu haben schienen, und nur den einen Willen, an der Scheibe und im Licht zu verlöschen. „Hast du etwas gesagt?" Nochmals hält uns eine Ampel an. Als ich selber steuerte, habe ich einmal sogar Ruth herumgekriegt. Ein Wegweiser, ein nicht sehr verheißungsvoller, zeigte nach einem ‚Hotel im Walde'. Ihr kam es komisch vor, verrückt, den Termin nicht einzuhalten, wegzubleiben ohne abzusagen, irgendwo zu sein, wo einen niemand vermutet. Aber es hat ihr sogar gefallen, das kleine Hotel mit den langen, dunklen Fluren und dem Schimmelgeruch. Wir konnten bei offenem Fenster schlafen. Nicht vom Lärm, von der Stille wurden wir immer wieder wach und schliefen wieder ein. Ich wäre drei, vier Tage geblieben, wenn Ruth begriffen hätte, wozu wir den Mut gehabt hatten. „Wir sind da!" rief sie. Drinnen im Haus hat man unseren Wagen gehört. Das Licht über dem Eingang wird angeknipst. Die Tür steht offen, und ich höre das Gerede und das Gelächter.

Günter Bruno Fuchs

ANSPRACHE DES AUTOWASCHENDEN VATERS AN SEIN KIND DAS DRACHENSTEIGEN MÖCHTE

Ja, ich
sehe: Das Wetter ist windig. Die Bäume zeigen es ja,
sie machen hin und her

mit dem Kopf. Also, du willst Drachensteigen,
vergiß nicht, heute ist Sonntag, das

heißt: Dein Vater
macht selbstverständlich dir eine Freude. Halt
mal
den Mund. Halt
ihn mal bitte. Das Auto

geht vor, nein, das Auto geht vor, das meine
ich nicht. Halt den Öllappen

nicht an dein Kleid. Und neues Wasser, der
Eimer
ist leer!

Margot Scharpenberg

SOHN

Ich weiß nicht, was ich von ihm erwarten kann. Man hat mich genug gewarnt. Falsche Hoffnungen werden nicht gezüchtet. Als ob es übrigens richtige gäbe. Eine richtige Hoffnung, erfüllbar und erfüllt, das ist schon eines, würde sich uns wie Speise einverleiben, eine Bedingung zum Leben. Man dürfte sie vergessen.
Er fällt nicht darunter; wie mich die meine, so beherrscht ihn seine Rolle, und die gab seinesgleichen, den Söhnen meine ich, auch in früheren Zeiten schon Rechtfertigung für mancherlei – nennen wir es mild: undankbare – Aktionen. Erben ihres Vaters, die mit seiner Krone zugleich seinen Kopf nahmen. Das ist alles belegt. Ich bewege mich auf historischem Boden. Belegt sind auch friedliche Zeiten, vor allem, seitdem es die Kamera gibt. Da drängen sich nicht nur, wie auf alten Bildern, königliche, fürstliche, großbürgerliche Familien zu einem gerahmten Idyll. Minutiös und demokratisch gibt es das Jedermannsche Familienalbum, unter besonderer Bevorzugung der vorschulischen Jahre. Erste Zähne, Spaziergänge, Adventslichter. Daß sich die Eltern meist in den Hintergrund verziehen, ein Teil schert sowieso für den Dienst mit der Kamera aus, gibt als Gegenüber die Anweisungen, die nur in solchen gestellten Situationen, wenn überhaupt, Geltung haben: den Kopf etwas zur Seite, lächeln, nicht lächeln, näher an Mama, Peter, Franz, Ingrid, weg von ihnen, du bist ausgesondert, einmalig, einzig, bist der Jüngste, der Älteste, jedenfalls SOHN, dies also, der Rückzug der Eltern, scheint mir symptomatisch, darf schon als böses Omen genommen werden.
Jene Spaziergänge, jenes Hand-in-Hand vorm Vogelkäfig, vor

Rheindampfern und startenden Flugzeugen, das währt so lang, wie der Auslöser der Kamera braucht. Klick, hier ist der Sommer eines Zweijährigen, einer hat sich durch Masern und Keuchhusten gemausert, ist drei-, vier-, fünfjährig, klick, was waren das noch für Zeiten, da in Tagen und Wochen und Zentimetern gemessen wurde, ganz zu Anfang! Danach wächst es rapide, die Maße werden dick und die Zeiträume, totgeschwiegene Geschichte, was passierte denn zwischen Abitur und Einziehung zum Wehrdienst, zwischen Maskenball und Hochzeit? Wer alles hat sich als Hintergrundsfigur, als lebendes Inventar aus dem Bild getanzt, kippte vom Glanzpapier ins Bodenlose, einfallsreich aus dem Modekatalog die Ursache wählend, Herzinfarkt, Krebs, Autounfall? Für Snobs sind noch bessere Möglichkeiten da, fast Art nouveau, eine Darmverschlingung etwa oder eine Raucherlunge. Schnörkliges, Umwege. Die Schlange fängt sich ihr Opfer, Luft mit einem Gegenstand darin, es ist immer unweise, Raum zu besetzen, in jemandes Weg zu sein. Dort, gerade dort mag ein Feuer züngeln, ein Auto fahren, eine Boa constrictor mahlzeiten wollen.
Gegen Schlangen ist man in unsern Breiten natürlich einigermaßen gefeit. An dem Ort, an dem ich mich befinde, sind außerdem Autos nicht und Brände wenig wahrscheinlich. Ob die weißen Wände mich deshalb vergessen ließen, was auch in den Alben immer zu kurz kommt, die lange Liste der Testamentsklauseln, zerfledderte Erbschaften, diese Graphik und Geographie, mit der uns böse Feen beschenken?
Welt, ja, das meine ich, Welt aus purem Bleigewicht, das ist doch alles aus Blei gemacht, bloß angestrichen, gemasert, gekerbt, geglättet. Mal täuscht es Holz vor, Bäume, Häuser, aber die könnten auch Stein sein, ein fliegender Stein, das sind Vogelfedern, das kann bluten und fällt aufs Gesicht, wie eine Münze, ein abgenütztes Metallstück.
Ich könnte das alles sehen, diese Imitationen, könnte mir den

Kopf zerbrechen, warum nun dies grün gestrichen ist und jenes braun. Bloß auf den Stuhl müßte ich steigen, denn das Fenster ist hoch. Mehr als ein druckplattengroßes Stück Bleihimmel fällt, solange ich sitze, nicht in den Raum. Auch wenn ich stehe oder gehe, ändert sich das nicht. Ich habe dann nur von diesem weißen Schachtelraum jeweils eine andere Seite näher, sehe eine andere Dekoration deutlich. Bilder, die mit Kindern zu tun haben, Schilder, die mich zu etwas auffordern.
Was finge mein Sohn mit einem solchen Raum an, könnte er ihn als Spielraum akzeptieren, als Studienklause, würde er ihn – wann in welchem Alter – richtig benennen können?
Warteraum, man erkennt ihn an dem Tisch mit Zeitschriften und Büchern in der Mitte, natürlich auch an seiner sonstigen unwohnlichen Zweckmäßigkeit, die in mir kulminiert. Ich bin auswechselbar, aber unentbehrlich, so wie der Tisch unentbehrlich ist, wenigstens für mich, denn ich könnte sonst auf die Idee kommen, von einer Ecke direkt in die diagonal entgegengesetzte zu gehn. Was würde das für mein Denken ausmachen, wenn es nicht diesen Rundgang gäbe? Bei welchem Gedanken bliebe ich stehen?
Es geht nichts über einen runden Tisch, über leere Wände, denen ein paar Bilder und Sprüche nichts anhaben können, über ein Stück Bleihimmel und die Bewegung, in der mich das alles hält, weil ich über meinen Sohn nachdenken muß.
Den Anfang ließ ich aus. Was sollen Indiskretionen. Er hätte sich vermeiden lassen. Helga erwähne ich aber trotzdem, wir wollen zusammenbleiben, Finanzamt und Verwandtschaft gaben ihren Segen. Bis hierhin ist also alles normal, der Rundgang inbegriffen. Irgendwann einmal machen sich Väter schließlich Sorgen um die Söhne.
Wird das alles Hand und Fuß haben, womit ich mich ihm aufdränge, Vermächtnis zu Lebzeiten? Er soll keinen Grund geliefert bekommen, mich vorzeitig zu entfernen. Ich probe die

Übergabe und die Entschuldigungen. Auch das schreibt die Rolle mir vor.

Diese Bäume, weißt du, und die anderen Ornamente am Haus, diese Meldungen in den Nachrichten, ich hab' das nicht gepflanzt, gewollt, Rot ist nicht meine Farbe oder Grün oder dieses Pflastergrau oben. Selbst für das Blau bin ich nicht verantwortlich, diese Augen- und Wasserfarbe zum Ertrinken, vor dem ich dich zu bewahren suche.

Wenn ich dich schwarz-weiß ins Bild bringe, im Dunkelraum entwickelt, den ich mir hinter dem Blickfang einrichte, so ist mir die Täuschung klar, aber ich komme doch der Wahrheit am nächsten. Was sollen einem sonst die Details, dein Haar zum Beispiel, das zu Anfang dunkel ist, dann blond oder braun, dann weiß? Dein Name wird ohnehin fragwürdig, wenn du einmal klein bist und rund, dann langaufgeschossen, dann wieder gesetzt. Du verlierst und gewinnst Fleisch und Haar und Pläne und Blut, du balgst dich mit der Welt, die auch meine Welt ist und die du mir immer dann zuspielen wirst, wenn sie dir nicht gefällt. Mit diesem Ball wirst du mich treffen, ich geb' ihn dir zurück, rollengemäß, bis wir es satt sind, bis einer nachgibt, ich zuerst.

So wenigstens müßte es sein. Du bestimmst, wann ich genug habe oder ob ich nie genug haben darf, weil du mich bestrafen willst. Meine Welt, dafür hältst du sie, dies Ausschußprodukt, diese Mordmaschine. Du bist dafür, daß man die Sünden der Väter straft, bis ins vorletzte Glied. Bloß du selbst ausgenommen, ein Unschuldsbündel auf dem Arm der Mutter, des Vaters. Das wurde groß an eben dieser Welt, ein Apfelwurm, und hat sich doch nicht infiziert. Du wirst mir alles vorhalten, deine ersten Schritte, deine Pubertät, deine nicht bestandenen Examen. Maler wolltest du werden oder Rechtsanwalt, jedes Beispiel paßte hier. Aber ich schenkte dir nicht die Wasserfarben zum dritten Geburtstag, ich präsentierte dir nicht das ge-

wünschte Rechtssystem. Freu dich nicht zu früh über den Sündenbock. Rollen lassen sich verweigern. Bei all seinen Schwächen läßt unser Rechtssystem mir noch einen Ausweg.
Wie möchtest du aufwachsen? Leider gibt es kontinentale Einschränkungen, Kuba und China kann ich dir nicht bieten, aber auch unser Land hat Möglichkeiten. Du fährst am besten, wenn du dich dem Zufall überläßt, dann steht dir alles offen, eine Professorenfamilie, ein Facharbeiter mit geprüft einwandfreiem Familienleben und sogar die jungfräuliche Mutter, berufstätig und zu jedem Opfer entschlossen. Deine Verantwortung wird groß sein, und ich kann die meine auf anderes richten.
Halte mich nicht für einen, dem es an Pflichtbewußtsein und persönlichen Gefühlen mangelt. Deine Mutter und ich, wir haben unsere Pläne mit der Welt und werden uns nicht schonen. Was aber dich angeht, nicht nur, daß wir dich lieben könnten, wir hätten sogar eine Chance, daß wir uns für einen kurzen Augenblick mit dir verstünden, irgendwann vor deinem und wahrscheinlich nach unserm Tod. Auf diese Chance verzichten wir.
Ich gab dir alle Zeit in diesem Warteraum. Der Bleihimmel wurde ein schwarzes Tuch und dann wieder ein helles. Ich hätte mir das Licht einschalten können. Merkwürdig, daß ich allein gewartet habe. Aber sie scheinen jedem der Väter einen eigenen Raum zuzubilligen. Wie es deiner Mutter geht, kann ich mir nicht vorstellen. Sie wird sich genauso ausschließlich mit dir beschäftigen, wie ich es jetzt tue, nur direkter, kein Tisch im Wartesaal, kein Rundgang. Ich ahme sie da nur auf meine Weise nach, wenn ich dich von mir ablöse.
Über den Fortgang sind wir uns im klaren. Nenn es nicht Betrug. Wenn schon nicht bei uns, du wirst doch dein Album bekommen und jemanden, den du anklagen kannst. Mich wundert, daß sich so viele nach dieser Rolle drängen.

Alles ist geregelt. Wir werden unsichtbar für dich, noch ehe du uns mit deinem Blick einfangen kannst. Ich stelle keine Forderungen. Du sollst mich weder begraben noch mein Erbe antreten müssen. Die schöne Logik der Generationen wird nicht von mir unterstützt. Gefällt einem etwas von mir, sei es ein Satz, sei es eine Münze, so schenke ich gern, das heißt, wenn man mir dazu Zeit läßt. Übergaben, so fürchte ich, werden immer gewaltsamer.

Ob du schon geboren bist? Die Schwester vergißt vielleicht, was sie weiß, und bringt dich zu mir herein, meine gebündelte und abgeschriebene Zukunft.

Du könntest auch eine Tochter sein oder zwei Söhne. Der Arzt hielt Zwillinge nicht für ausgeschlossen. In jedem Fall ist vorgesorgt. Ich erwähnte Anwärter. Mag sein, daß wir gleich mehrere davon glücklich machen.

Niemandem kann ich die Welt anbieten. Das wäre die bessere Lösung gewesen, aber Vatergestalten sind mir entschlüpft, ohnmächtig der eine wie der andere, so wird man nichts los.

Es bleibt nur der Ausweg mit dir.

Du bist, Ihr seid zur Adoption freigegeben.

Nicolas Born

DAS BRAUTPAAR

Die Braut kam in einem Dorf bei Köln zur Welt
der Bräutigam kam in Hamburg zur Welt
die Braut ist schön
der Bräutigam ist Ingenieur
die Braut hat Eltern die Brauteltern

die Braut ist zwei Jahre jünger als der Bräutigam
die Brauteltern sind mit dem Bräutigam zufrieden
haben jedoch nie enthusiastisch zugestimmt
das Brautpaar ist unpolitisch
schreitet aber zur Wahl
es ist rechtgläubig und hat eine Wohnung in Aussicht
es hält die Heirat für die Folge bisheriger Beziehungen
es wünscht sich Kinder zunächst eins
Erlebnisse haben stattgefunden
beide hatten schon früher Erlebnisse
die sie einander teilweise nicht verschwiegen
der Bräutigam verdient elfhundert netto
er hat gute Aufstiegsmöglichkeiten
die Braut soll noch ein Jahr mitarbeiten
würde aber lieber sofort Schluß machen
mit ihren eigenen Worten: lieber heute als morgen
am Polterabend erhebt sich der Brautvater
er macht nicht viel Worte
er hält eine Rede
nach dem Willen des Brautvaters
soll der Bräutigam die Braut glücklich machen
zuerst wird aber geheiratet
still in Sankt Andreas

katrine von hutten

WEGEN DES AUFSTANDES NEUER KRÄFTE

wegen des aufstandes neuer kräfte
und der versammlung neuer gesichtspunkte

der überraschenden breite neuer blickwinkel
wegen der umwandlung des alten trotts
in einen völlig neuen trott
ohne jedes graue haar
noch jung noch strack noch sehr vergnügt

Ernst Meister

SEIT JENEM SCHEITERN

„Soulèvent les souches des ronces"

Hoben die Strünke
der Dornen empor . . .
So, unter
Trän' und Kram
fand sich das alte
Wagenrad.

Laßt uns nun
fahren, froh
des Rosts. Es
kommt entgegen
feuchten Lebens.

Durch Wüste geht
ein Mann,
gestorben, ganz
verdorrt
und Sonne so
wie Auge ganz und gar

– ein Gram, ein Gold
rollt neben ihm
im Sande –,

hat allen Lohn
bei sich,
nebst Rat
seit jenem
Scheitern.

Marie Luise Kaschnitz

EIN HINTERWÄLDLER

Ein Hinterwäldler, wenn es noch einen gäbe, würde staunen, käme er in unsere Stadt. Bei uns filmt jeder jeden, jeder hält jedem ein Mikrophon entgegen, jeder fragt jeden aus. Jeder weiß alles, etwa über Mexiko oder Havanna, jeder kann in wenigen Stunden jeden Ort auf der Erde erreichen. Bei öffentlichen Veranstaltungen werden statt Gedichten Auszüge aus dem Telefonbuch vorgelesen, zum Beispiel der Abschnitt A–B. Auf einer Wiese sähe der Hinterwäldler eine phallische Wurst aus Luft aufgerichtet, im Museum träfe er auf Gipsfrauen, die an Nähmaschinen sitzen oder im Handwaschbecken ihre Füße waschen. In Tanzlokalen würde er mit Lichtblitzen und auf der Straße mit Schimpfreden überschüttet, die aber nicht ihm gelten, nur wenn er richtig hinhört, doch auch ihm.

Günter Kunert

OHNE BILANZ

Macht man sich daran, den konkreten Lebenslauf des eigenen konkreten Vaters aufzurechnen, gerät man in Gefahr zu potenzieren oder zu subtrahieren, da alle ähnlichen Unternehmen, sonst mit fiktiven Figuren bewerkstelligt, von Ästhetik infiziert sind, von Formprinzipien, welche, gleichzeitig auch als Deformationsprinzipien wirkend, die Wirklichkeit ständig zu korrigieren drohen. Das voraussetzend und im Bewußtsein haltend, soll trotzdem der Versuch unternommen werden, Annäherungswerte zu erreichen. Objekt: Adolf Aloys Paul Franz Kunert.

In den Vornamen findet sich ganz Kakanien versammelt, aus dessen einstigem nördlichem Teil, nämlich Böhmen, er als Kind vor dem ersten Weltkrieg nach Berlin kam. Überraschend 1965 gestorben: an einem Schlaganfall, der für einen Mann Anfang der Sechzig selten tödlich verläuft. Abends völlig gesund zu Bett, trifft ihn die Apoplexie im Schlaf. Morgens ist er halbseitig gelähmt und bewußtlos. Den fast skelettartig mageren, mit tiefblauem Blick ins Nichts starrenden Kranken habe ich nicht mehr bei Bewußtsein gesehen: ob er dazu kam, die Bilanz seines Lebens zu ziehen, bleibt ungewiß und ungeklärt. Und so obliegt es mir, Daten und Fakten untereinanderzuschreiben und dann den berühmten Strich darunter zu setzen, der das Fazit einleitet.

Zwei Nenner bestimmen die dreiundsechzig Jahre, die mein Vater „überstand", denn von jeder Schwierigkeit, und sein Leben setzte sich hauptsächlich aus solchen zusammen, hoffte er passiv, daß man sie schon irgendwie überstehen würde; die beiden Nenner könnte man etwas summarisch als *Arbeit* und

Fremdheit bezeichnen, beides manchmal von einer unbegreiflichen, allen zu „überstehenden" Umständen konträren Heiterkeit überflackert, einer Heiterkeit, die ich mich nicht scheue, kindlich zu nennen. Diese Zweiheit bestimmte sein Wesen, verwandelte sich schließlich in Wesenszüge eines Menschen, der schutzlos den ersten beiden Dritteln unseres ruhmreichen Jahrhunderts ausgesetzt wurde und der darum für ein Denkmal des Unbekannten Zeitgenossen ein passendes Modell gewesen wäre. Die Denkmäler der Namhaften und Berühmten, immer im Dienst lusitanischer und anderer Popänze Verstorbenen, zeigen ja von den wahren Zeitumständen kaum eine undeutliche Spur; von den Widersprüchen gar nichts.

Mein Vater, der Kaufmann gelernt hatte, was längst allen Fuggerischen Glamours und exotischen Duftes bar war, ist ein Ausbeuter gewesen, aber einer der eigenen Person, von einer Rücksichtslosigkeit gegenüber sich selbst, die er gegen andere nicht aufbrachte – woran er geschäftlich scheiterte.

Es ist notwendig, ihn an seiner großen fettig schimmernden Papierschneidemaschine zu betrachten, und wie er ein lastwagenmächtiges Schwungrad dreht, schneller und schneller, bis das nötige Tempo erreicht ist, das es erlaubt, mittels eines Hebels von Unterarmspanne Zahnräder ruckhaft ineinanderzukuppeln, damit ein meterlanges Messer hinabfährt, um mit unvergeßlichem Geräusch einen von Eisenbalken eingepreßten Papierstapel sausend zu zerteilen. Oder ein Papierstapel wird beschnitten: eine Scheibe entsteht, glatt und glänzend an der Schnittfläche, die sogleich in unzählige Streifen zerfällt, welche zerknüllt und in Säcke gepreßt werden: Stampe. Den Keller, wo mein Vater mühsam industrielle Erzeugnisse durch Handarbeit nachahmte, das Überbleibsel von Manufaktur, traf eine der ersten Bomben des Luftkrieges, zu der Zeit noch *Fliegerbomben* genannt, und ich, der oft in diesem Keller mit Papier gespielt und sich an den scharfen Papierkanten wie an

Klingen geschnitten hatte, erhielt zum Andenken einen handgroßen Bombensplitter, auf den ich mit infantiler Sorgfalt das Datum der Zerstörung kratzte. Die Einmannfabrik, hauptsächlich Schreibblocks und Durchschreibebücher produzierend, welch letztere daheim zusätzlich mit knallendem Stempel durchnumeriert werden mußten, zog in einen anderen Keller derselben Straße. Alexandrinenstraße, typisch für Berlin, da unter ihren Dächern jene spezifische Verquickung von Wohn- und Produktionsstätte schwärte: Symptom planloser Povertät.
Heute ist von der alten Alexandrinenstraße nichts übrig als ihr Name und das ursprüngliche Kopfsteinpflaster, durchsetzt von Gullys und Kanalisationsdeckeln, deren Eisenguß die abgewetzten Lettern von Firmenzeichen trägt. Flankiert ist heute die Alexandrinenstraße auf der einen Seite von schräg zur Fahrbahn stehenden Wohnwaben aus dem Bauhauskasten, auf der anderen Seite von einer weiten, unkrautbewachsenen Fläche, enttrümmert, planiert und von schneidender Verlorenheit überweht.
In dem neuen Keller wurde die Schneidemaschine durch einen Elektromotor angetrieben.
Da mein Vater selber eine anstrengende Einheit unterschiedlicher Funktionen in seiner Person aufrechterhielt – er war sein eigener Arbeitnehmer, sein eigener Vertreter, der Kundschaft suchte, sein eigener Buchhalter und sein eigener Chef, der die verschiedenen Abspaltungen dirigierte –, war er ständig in Betrieb, bediente die Schneidemaschine, die Heftmaschine, die Perforiermaschine, manchmal von seiner Frau, meiner Mutter, unterstützt; er brachte die schweren Messer zum Schleifen, den Perforierkamm zum Richten, besorgte Heftdraht, kaufte Papierballen, lief säumigen Zahlern nach und setzte sich abends oder an Wochenenden über seine Geschäftsbücher: sich um seinen Sohn zu kümmern, blieb keine Stunde übrig. Auch keine für Krankheiten. Nur eine unaufschiebbare

Blutvergiftung mußte absolviert werden und die operative Begradigung eines Knicks im Nasengang, der ständig Kopfschmerzen verursachte, denen zum Trotz er immer weiter und weiter gearbeitet hatte.
Endgültig wurde die Einmannfabrik am 2. Februar 1944 von einem Bombenteppich geschlossen. In der Alexandrinenstraße stand danach noch ein einziges Gebäude, dessen Toreinfahrt ein toter Polizist, grüne Uniform im roten Blut, nachdrücklich blockierte. Vorerst war jede Selbständigkeit beendet. Nach einem Intermezzo als Helfer bei einem Bekannten mußte mein Vater sich sowieso in ein Arbeitslager der „Organisation Todt" schicken lassen, wo die „arischen Männer" jüdischer Frauen gesammelt wurden: als Staatssklave schippte er in der Nähe von Weißenfels Abflußgräben. Und erkrankte zum ersten Male ernstlich. Von Rheuma befallen, verschlechterte sich sein Allgemeinzustand, was ein gutmütiger Arzt, angesteckt von der Paralyse des Dritten Reiches, zum Anlaß nahm, die Entlassung aus dem Arbeitslager zu verordnen. Noch vor der Auflösung aller Arbeitsläger großdeutschen Ordnungssinns kehrte mein Vater nach Berlin zurück, wo seine Frau, meine Mutter, dienstverpflichtet in einer Fabrik neben anderen jüdischen Frauen, Glimmerplättchen stanzte, deren Verwendungszweck keine von ihnen erklären konnte.
Es ist erforderlich, zu beobachten, wie mein Vater einen Tag nach der Kapitulation durch die Trümmerwelt spazierte, den Rücken von dem für jene Jahre typischen Auswuchs bedeckt: dem Rucksack. Unbekümmert von Telefonleitungen ziehenden Rotarmisten, von Barrikaden und Panzersperren wegräumenden Nazis, von auffliegendem Geschrei, von vereinzelten, unerklärlichen, in den Kulissen abgegebenen Schüssen, ging er über das zerschmetterte Pflaster, Nahrung und Brennmaterial zu *organisieren* und, wieder daheim, den vollgestopften Beutel aus grober Leinwand stolz und strahlend auf dem

Tisch zu entleeren: die Energien, mit denen, wie der Klassiker meint, früher große Reiche gegründet wurden, wandte mein Vater täglich auf, die tägliche Existenz dreier Menschen zu ermöglichen.

Einige Wochen später hob er, erfolgreicher Schatzsucher ohne jeden Springwurz, mit Hilfe freundlicher Leute die ausgeglühte Schneidemaschine aus den Trümmern ans Licht, und während das Metall regeneriert wurde, mietete er eine Etage in einem der letzten Häuser der Kommandantenstraße und begann dort aufs neue seine Produktion, die sich, begünstigt vom allumfassenden Mangel, vom ungestillten Bedürfnis menschlicher Schreibwut, sofort ausweitete, Zwang übte, Hilfskräfte einzustellen, Buchbinder, Falzerinnen, Vertreter, Angestellte, die sich alle nach Teilung der Stadt in zwei Währungsgebiete, nach seinen vergeblichen Versuchen mit großen Firmen zu konkurrieren, wieder verliefen. Das Unternehmen verkleinerte sich aufs herkömmliche Maß: auf das einer, seiner Person, die Papier schnitt, Blocks ableimte, zu Kunden lief und auf Pfennigbeträge oft wochenlang warten mußte. Ein Wirtschaftswunder fand nicht statt.

Und nach einem Augustsonntag des Jahres 61 wartete die Schneidemaschine vergeblich auf ihren Besitzer, der in der anderen Hälfte der Stadt saß, ungewiß, ob er jemals das blanke Messer, Papierballen, Leimkocher wiedersähe, bis klar wurde, daß ihm die gewohnte Umgebung deformierender Arbeit auf immer versagt sein würde. Statt dessen erhielt er eine Stellung in einem volkseigenen Betrieb, in dem er sich eine Weile betätigte, kopfschüttelnd über das, was man hier Arbeit nannte. Den verlangsamten Daseinsrhythmus vertrug er nicht: er wurde alt; er war alt, von heute auf morgen, so daß er sich in den ihm fremden Arbeitsprozeß nur schwer einordnen konnte oder wollte, und so erhielt er eines Tages einen neuen Posten, dessen relative Selbständigkeit dem früheren Zustand wohl noch am nächsten kam: als Leiter einer Ankaufstelle von Lumpen, Flaschen, Altpapier, letzteres geschieden in Zeitschriften und Bücher, in denen zu lesen erst jetzt Muße gefunden wurde, da keine Maschine mehr bedient werden mußte und kein Kunde aufgesucht. Schaut man hin, glaubt man eine alte Photographie, fast eine Daguerreotypie zu betrachten: wie mein Vater, ein selbstgezimmertes Tischlesepult vor sich, die unbequeme, nur zum Lesen gebrauchte Brille auf der Nase, die Biographie Napoleons studiert, Zeile um Zeile in der Abgeschiedenheit der Berliner Altbauwohnung, die Gedanken wer weiß wo. Aber Muße wirkt wohl auf den, der sie nicht gewöhnt ist, wie Gift.

Der zweite Nenner, die *Fremdheit*, bestimmte schon seine Kindheit, in der er, mit seinen Eltern aus Tetschen nach Berlin übersiedelt, wo er ungefragt „Deutscher Staatsbürger" geworden, den ersten Weltkrieg erlebte, bei dessen Ende er sechzehn war. Morgendliches Anstehen nach Kleiebrot, Nahrung aus Kohlrübenmarmelade und Steckrübensuppe gerinnen zu wichtigen, später oft erzählten Erinnerungen. Dreiundvierzig Jahre alt beim Schluß des zweiten Weltkrieges, an dem er als staatlich Verfemter nicht teilnahm, nur durch Anteilnahme beteiligt, durch tägliches Hoffen auf den raschen Sieg der Alliierten, um Hitler zu „überstehen", zu dessen Gegner man durch eine einfache Ehe geworden war. Obwohl aufgefordert, sich scheiden zu lassen, um des Durchschnittslebens eines Durchschnittsbürgers teilhaftig zu werden, hielt mein Vater dickköpfig an Frau und Feindschaft fest: keine Sache für die leichte Achsel. Es ging ja nicht allein um Abkehr von einer „Volksgemeinschaft", nicht bloß ums Joch offizieller Ächtung oder um das Verhalten von Nachbarn, Kunden, Behörden, um das engmaschige Netz zwischenmenschlicher und gesellschaftlicher Beziehungen, darin man sich als exotisches Tier gefangen fand, es ging um viel Einfacheres: ums Überleben.

Mein Vater, der seine Mutter früh verloren und zu seinem Vater und Bruder in keinem sonderlich engen Verhältnis stand, befand sich an der Peripherie jüdischen Familienlebens, dem er sich zunehmend anpaßte und das ihn selber zu prägen anfing, bis hin zum Gebrauch einiger, unter längst Assimilierten, gebräuchlicher Idiomrelikte, deren Rachenlaute auszusprechen ihm jedoch niemals richtig gelang. Dieses Familienleben schwand mit dem Beginn der Deportationen und vergrößerte das Vakuum subjektiven Lebensraumes. Obwohl im Heimatland, fühlte man sich in der Fremde. Verwandte fernsten Grades tauchten auf, um „unterzutauchen": hilflos, ausweglos, bis sie mit ihrer Aktentasche weiterzogen, sich anderswo eine Weile aufhielten, schließlich doch von einem Spitzel erkannt und bei einer der ungezählten Ausweiskontrollen in Lokalen und Straßen aufgegriffen wurden, um irgendwo im Osten zu verschwinden. So gingen meines Vaters Schwager und Schwägerin weg, kurz darauf gefolgt von seinem Schwiegervater: es blieb keiner zurück; die Technik, Menschen verschwinden zu lassen, war vollkommen.

Die vereinsamte Wohnung, außerhalb des neugeordneten Europa ein Castle, eine Burg, eine Freistatt des Individuums, besaß eher den Charakter einer Falle: zu Hause war man am verwundbarsten. Sobald das Telefon klingelte und ein verabredetes Stichwort eine neue Judenaktion ankündigte, verließ man sie vorsichtshalber mit Frau und Sohn, selber die Nacht bei Bekannten zu verbringen, unsicher, ob man heimkehren könne, und doch des einen gewiß: daß man bei den Hilfsbereiten über einen längeren Zeitraum nicht verweilen konnte. Nie aufhörende Spekulation, ob das „Ariertum" meines Vaters weiterhin Schutz böte, oder ob dieser Schutz vielleicht insgeheim aufgehoben worden war. War die Menschenjagd, von der die Einwohner kaum etwas bemerkten, abgeklungen, betrat man wieder die Wohnung, bis eine Luftmine auch diese in

Vergangenheit verwandelte. Unterschlüpfen bei Fremden, Untermieter des Chaos, solange die Rote Armee ausstand, nach deren ersehntem, begrüßtem Eintreffen man durch ein modernes Ankhor Vat wandelte: überstanden, überlebt, durchgehalten. Um welchen Preis!

Versunken das noch eben gewesene *Golden Age* der zwanziger Jahre im Maelström blutiger Historie – hin und weg. Aufkeimende Diskussion zwischen Vater und Sohn, hervorgerufen durch zunehmende Differenzierung der ökonomischen Systeme auf deutschem, auf berlinischem Boden. Gegen den Sohnesglauben, die Werkstätten mörderischen deutschen Bewußtseins würden anfangen, Vernunft zu erzeugen, sobald sie sozialisiert seien, stand die Überzeugung des Vaters von der alleinseligmachenden freien Marktwirtschaft, durch die er zu nichts kam. Im Osten der Stadt wohnend, in ihrem Westen arbeitend, konnte er auf des Messers Schneide, die er täglich kreuzte, nicht heimisch werden. Seine Polizeiphobie wurde maßlos. Er konnte keine Uniformen ansehen. Brachte es auch nicht mehr zu Freundschaften, zu Bekanntschaften, da er sogar die Fähigkeit, normale Kontakte zu seiner Umgebung aufzunehmen, mehr und mehr verlor. Und als das Seil, auf dem so viele zwischen Berlin und Berlin ihren lächerlichen und tragischen Tanz absolvierten, endgültig riß, zog er sich noch weiter in sich selbst zurück. Sein Interesse an politischen Ereignissen globalen Ausmaßes verringerte sich ständig. Alle Erfahrungen seines Lebens, das zu leben er überhaupt nicht gekommen, waren solcherart gewesen, daß er jede Hoffnung aufgab, sogar die letzte und stärkste nach der Befreiung: die auf Wiederherstellung unbeschwerten vorhitlerischen Daseins; das erwies sich zu bald als Illusion. Er glaubte keiner Deklamation und keiner Deklaration mehr. Obwohl unausgesetzt tätig, hatte er nichts erreicht: weder materiellen noch ideellen Gewinn. Es schlug nichts zu Buch. Gebannt in einen engen Lebenskreis durch Mächte, die metaphysische Verschleierung benötigen, sah er Vielfalt und Reichtum der Erde niemals. Umgeben von Fremdheit wie ein Robinson von Wasserwüsten, auf denen keine rettende Flottille erschien, um den Schiffbrüchigen triumphal heimzubringen, führte er ein Inseldasein. Noch nach seinem Tode liegt er in fremder Umgebung: als einstmals katholisch getaufter Atheist inmitten der Gräber Israels auf dem jüdischen Friedhof in Berlin-Weißensee.

Nur die eingangs erwähnte, unbegreifliche Heiterkeit irrlichterte manchmal über ihn hin, selbst in dunklen Stunden, in Erwartung möglichen Abtransportes, im Luftschutzkeller unter Bombenfall und Granatregen: Sedativ im todverseuchten Sumpf der Epoche. Die Erbschaft dieser Heiterkeit trete ich gern an; sonst ist mir nichts vermacht worden als ein Heuschnupfen, der für sechs Wochen im Jahr pünktlich eintrifft: ein physisches Memento eigener Art. Und es bleibt die Anständigkeit eines Menschen, der mit einer einzigen Unterschrift auf einer Scheidungsurkunde seinen Status wesentlich hätte verbessern können und dadurch wahrscheinlich auch länger leben, und es trotzdem nicht tat.

Es ist eine Rechnung, was hier vorliegt, aber, nachdem der Strich gezogen, wage ich nicht die Posten zu addieren. Hatten diese dreiundsechzig Jahre einen Sinn? Was daran war Glück oder Aufschwung? Nahm mein Vater sein Schicksal an oder nicht? War er, weil die Scheidung unterblieb, ein Held, ohne daß er es wußte?

Die Bilanz dieses zugleich gewöhnlichen und außerordentlichen Daseins zu ziehen, fehlt mir die fraglose Grobschlächtigkeit, für die eins und eins immer zwei ergibt.

Günter Eich

NOTIZBLATT EINES TÄNZERS

Meine Welt ist nur von der Fußsohle her zu begreifen. Spitze kann ich auch, aber es hat mich nie interessiert. Was ist schon Tanz? Mir liegt nichts daran, mich anmutig zu bewegen, – wer mir das nachrühmt, macht mich ärgerlich. Was sind schon Bühnen? Bretter die überall schon von ganzen Fußsohlen betreten sind, kein Quadratmillimeter ist mehr für mich übrig. Denn darum geht es: Eine unbetretene Stelle zu betreten. Nein, keine Himalaya-Kundfahrt, keine Wüstenexpedition. Hier, direkt in Rhodos müßte es sein, hic salta, in der Fußgängerstraße, beim Gemüsehändler, beim Spielwarengeschäft, im Hof, am Warmbrunner Weg oder in der Kastanienallee. Es müßte mich durchzucken, aber es durchzuckt mich nicht.
Soweit meine Jugend. Jetzt wo ich mich schwerer tue, habe ich meinen Irrtum erkannt. Ich steige um auf die nächste windschiefe Gerade, – das ist die richtige. Ich bin sicher, daß mein Körper noch nicht alle Bewegungen gemacht hat. Denn es muß eine geben, die in Fliegen übergeht. Keine Wendung wiederholen, sage ich mir, immer neue Sprünge, Drehungen, Radschläge. Irgendwo ist der Abflug, ich kreise über das Parkett, lande ovationensicher an den Stehplätzen, und die Sorge wird nur sein, ob mein Gedächtnis standhält. Jetzt abtreten vom Beruf, und auf die Wasserkuppe! Es ist ein ganz bescheidener Trick, vielleicht sogar lehrbar, aber man muß ihn ein paarmal finden. Immer üben, üben.

Hans Peter Keller

TURMLUKE ODER DIE UNMÖGLICHKEIT EINES TURMLIEDES

ihr glücklichen Augen
was je ihr gesehn
es sei wie es wolle
es war doch so schön

nicht hinauslehnen
die Luft ist voll Schwindel

der Turm (behauptet der Reiseführer)
hundertsechzig Meter hoch
Gotik
und verwittert

und von unten nach oben die Stufen
recht ausladende
Einladung

das ragt also gewissermaßen
in diese Luft
mitunter auch
– unter einem Tief –
ins Wasser
ich war oben –
Atemnot
es roch nach Taubendreck

nicht hinauslehnen

ich sah
hinaus
sah weit
sah nach oben nach unten
was hab ich gesehn

unten ist undeutlich
vielerlei
oben ist deutlich so etwas wie
nichts
die Weite
erweist sich als Dunst

soll mir einer ins Wort fallen mit
„Vorsicht Stufe"
ich weiß was ich soll

wahrlich ich sage euch nicht
hinauslehnen
Taubendreck Atemnot die Luft voll
Schwindel

(ich sagte mir schließlich
was heißt hier
Turmlied
du bist kein Klassiker
komm ins Parterre)

Gert Heidenreich

DIE PROZEDUR

Ja. Freilich. Wo wir aufwuchsen, war Freiheit. Blitzblank und rhetorisch und ziemlich importiert. „Du hast es gut", sagte Vati, „wenn du uns lieb hast, weißt du, daß du es gut hast." „Ihr habt es gut", sprachen die Väter im Chor, und sie hatten recht. Die Stunde Null war eine gute Stunde, nur daß es sie nicht gab, wußte Vati nicht. „Wenn ihr erlebt hättet, was wir erlebt haben, als wir so alt waren wie ihr", sangen die Lehrer zu einer deutschen Melodie. Und recht hatten sie: wir haben nichts mitgemacht. Wörtlich: wir vom Jahrgang 44, mitgemacht haben wir nichts.

Die Lehrer tauchten auf, mitten in der Stunde Null, die es nicht gab, aber sie waren da, blitzblank, rhetorisch, kamen zurück aus dem, was sie mitgemacht hatten, nur dabei waren sie nicht, aber was sagt das, Johannes jedenfalls bestand darauf, daß er nicht dabei war, als er es mitmachte, nun freilich, wer kann schon wählen, was gewählt wird, Johannes jedenfalls nicht, Johannes jedenfalls sagte: „Ihr habt es gut. Wir hatten keine Wahl." Das war einzusehen, schon darum wollten wir Johannes nicht enttäuschen, darum, und weil er große braune Augen hatte, die waren feucht und treu und verträumt wie Volkslied.

Unsere Aufgabe hieß: Schlesien, alte deutsche Heimat. DIN A 4 Bilder Texte Stellungnahmen nicht über dreißig Seiten abzugeben vor Weihnachten. Johannes hatte uns gern, da gab es keinen Zweifel, Vertrauen gegen Vertrauen, Lehrer sind so, gute Noten gegen gute Leistungen, das ist ein sauberes Geschäft.

Johannes hatte wenig Fleisch an seinem kleinen Kopf. Ich

stellte mir die Form seines Schädels vor, wie er ausgelöst und freigekocht auf dem Schreibtisch meines Vaters stünde, dafür konnte ich nichts, das waren solche Träume, in denen ich seine Augen unter dem Kopfkissen versteckte und nachdenken mußte, was wohl aus mir geworden wäre, wenn meine Eltern sich nicht kennengelernt hätten: mich wegdenken, keinen Halt finden auf den großen glatten Pupillen von Johannes.
Über dem flachen Fleisch spannte sich eine dünne, feingeäderte Haut, wie man sie sonst nur bei Leuten auf dem Land findet, die an der frischen Luft alt werden. Johannes bekam leicht einen roten Kopf. Davor hatte er Angst.
Ratibor lag nach dem Spruch von Genf und vor dem zweiten deutschen Krieg hart an der Grenze, erinnerte sich Johannes für uns, ja freilich, die deutsche Bevölkerung hatte Ärger mit den polnischen Aufständischen, die während der Abstimmungszeit ihr Unwesen trieben, und wir sammelten Bilder von Schlesien, wo wir nicht dabeiwaren, vor allem von Ratibor, dort hatten wir nichts mitgemacht, aber dort war Johannes geboren. Ich fand unter alten Fotos meiner Eltern ein Bild von der Mariensäule und klebte es ein, das wurde dann die Titelseite meiner Arbeit: alte deutsche Heimat, verloren, vorbei, nicht dabeigewesen, 1956 waren wir Quarta und wollten Johannes nicht enttäuschen.

*

An einem Montag kam er ins Klassenzimmer.

*

An einem Montag kommt er ins Klassenzimmer, neu für uns, neu für Deutsch, Sozialkunde, Geschichte, läuft ohne uns anzusehen zur Tafel und schreibt mit großen Buchstaben Dr Jot

Punkt Henschel auf die stumpfe grüne Fläche, dreht sich zu uns um, „So heiße ich", sagt er. Wir sehen seine großen feuchten Augen. Einer räuspert sich. „Um diese Jahreszeiten hat man keine Erkältungen mehr, Fenster schließen", antwortet ihm Doktor Jot Punkt Henschel, wir bemerken, daß er kleiner ist als die meisten von uns, darum müssen wir in den folgenden Stunden bereits sitzen, wenn er hereinkommt. DIN A 4 groß sein Notenheft, in dem eine kaum zu durchschauende Anordnung von Spalten und Feldern einem verschlüsselten Wertungssystem Raum gibt. Jede mündliche Leistung wird nach vier verschiedenen Kriterien beurteilt, deren Kennziffern sich in dem üblichen Spielraum von eins bis sechs mit roter oder blauer Tinte eintragen lassen. Johannes verbringt einen großen Teil der Stunde mit Notengebung, hält uns in Spannung, sieht uns lange an, ja freilich seine braunen Tieraugen, zärtlicher Blick, Volkslied, senkt den Kopf, greift nach dem Federhalter mit roter Tinte. Will eine Ziffer einschreiben, hält inne, lächelt, legt den Federhalter weg, nimmt den blauen und trägt nun die Note umständlich ein. Johannes hatte Angst, er könnte nicht gerecht sein, die Zeiten hatten sich geändert, oft meinte er, nichts sei endgültig, alles sei wettzumachen, sagte er, oder auch, daß jeder sich reinwaschen könne von einem Makel, so nannte er die Note fünf, oder von einer Sünde, das war seine Bezeichnung für sechs.

*

Wenn man es erzählt, ist es nicht mehr wahr.

*

Wenn man es erzählt, ist es nicht mehr wahr, keiner glaubt es, keiner hat Grund dazu und überhaupt, wen interessiert heute noch, daß Johannes Henschel Angst hatte. Schreckliche Angst.

Er hat Angst, wir könnten nicht genug Angst haben vor ihm. Er hat Angst vor seinen Kollegen, die größer sind als er und nicht so dünnhäutig und nicht aus Schlesien, die hatten nichts mitgemacht, die hatten noch eine Heimat. Er hat Angst um die Ostgebiete. Er hat Angst, beim Rauchen ertappt zu werden von seiner starken Frau, die oft unangemeldet am Vormittag ins Lehrerzimmer tritt, angeblich um ihm sein zweites Frühstück zu bringen. Aus Angst tut es Johannes seinen Schülern gleich und raucht auf der Toilette. Johannes hat Angst beim Betreten des Klassenzimmers, darum kommt er im Stechschritt herein. Johannes hat Angst, Kreide könnte fehlen, darum trägt er stets drei Stücke weißer Kreide in einem alten Metallkästchen für Buntstifte bei sich.
Man hätte Mitleid haben können mit ihm, aber wir hatten nichts mitgemacht, wo sollten wir da ein Fingerspitzengefühl entwickeln, außerdem war Johannes unerbittlich, was man kaum vermutet hätte bei seinen freundlichen braunen Tieraugen. Nur wenn es galt, einen Makel oder eine Sünde wettzumachen, bot er seine Hilfe an. Er unterzog den Schüler zum Ausgleich für das Leistungsversagen einer Prozedur, die er mit großer Perfektion und deutlicher Freude darüber ausführte, daß Lehrer und Schüler gemeinsam in der Lage waren, Makel oder Sünde solidarisch aus dem Notenheft DIN A 4 zu tilgen.

*

Die Prozedur:

*

Die Prozedur: mit Daumen und Zeigefinger greift Johannes die kurzgeschnittenen Schläfenhaare des Versagers über dem Ohr und dreht das Bündel dicht an der Haut im Uhrzeigersinn. Um dem Schmerz zu entgehen, legt der Schüler seinen Kopf so weit es geht in den Nacken zurück und bietet dem über ihn gebeugten Johannes sein Gesicht. Die Zeiten haben sich geändert, aber Johannes dreht so weit, bis sein Arm sich sperrt. Dann hält er diese, auch für ihn selbst schmerzliche Stellung drei Sekunden zur Tilgung eines Makels, zehn Sekunden zur Tilgung einer Sünde ein. Er blickt dabei starr auf den Mund des Schülers, denn die Vereinbarung besagt, daß man die Prozedur abbrechen kann, indem man leise „Au" sagt, wodurch natürlich der Tilgungseffekt entfällt.

Ich hatte Reden ausgeschnitten, Reden von Gomulka, der nach vier Jahren Haft gerade wieder erster Sekretär des ZK geworden war, polnische Reden über die endgültige Grenze an Oder und Neiße, das klebte ich ein, das war Material, das strich ich durch, wir alle vom Jahrgang 44 strichen das durch und schrieben darüber NEIN, manchmal auch NIE, schräg darüber und rot, denn wir hatten unsere Lehrer gern.

Nach den Weihnachtsferien bekamen wir unsere Arbeiten zurück. Johannes konnte stolz auf uns sein. Wir hatten herausgefunden, daß Beuthen in Oberschlesien nach dem Beschluß des Völkerbundrates in Genf das „äußerste Bollwerk des Deutschtums im Südosten" war, daß im niederschlesischen Sprottau der Dichter Heinrich Laube im Jahre 1806 das Licht der Welt erblickte und daß im stillen Frieden des Tales um Bad Reinerz einst Felix Mendelssohn-Bartholdy Eichendorffs Preislied auf den deutschen Wald vertont hat. Johannes strahlte, als er uns die Mappen zurückgab. Es hätte eine fröhliche Stunde werden können.

Doch bei dem letzten Heft DIN A 4, der Arbeit des Jörg Schindel, fällt die Fröhlichkeit aus dem dünnhäutigen Gesicht von Johannes, die Tieraugen werden eng und menschlich, er furcht die kleine Stirn, formt seinen Mund zum Hundeafter, spricht leise aus, was wir fürchten, das Wort Sünde.

Jörg erklärt sich zur Prozedur bereit.
Johannes weist darauf hin, daß es sich nicht um eine mündliche Leistung, sondern um eine schriftliche Arbeit handelt.
Jörg bietet zwanzig Sekunden statt der üblichen zehn.
Johannes zögert. Johannes denkt nach.
Jörg reizt auf dreißig.
Als Johannes die Schläfenhaare zu drehen begann, war es still im Klassenzimmer.
Wir hörten, daß Jörg leise und gegen seinen Willen „Au" sagte.

*

Aber Johannes hielt sich nicht an die Abmachung.

*

Aber Johannes hielt sich nicht an die Abmachung. Jörg schrie, doch Johannes drehte weiter, wir verstanden nicht, wir haben nichts mitgemacht, wir sind in Freiheit aufgewachsen, wir halten uns an Versprechen, jetzt sind wir dabei, jetzt reißt sich Jörg los und stößt Johannes vor die Brust und Dr. Henschel stolpert rückwärts und fällt über eine Tasche, die im Weg steht.
Johannes hatte große braune Augen. Jörg schrie „Schlesier!", und als Dr. Henschel sich aufrichten wollte, traf ihn ein Tritt an den Unterkiefer. Er schlug mit dem Hinterkopf auf den Boden.
Wir kommen aus unseren Bänken, treten zögernd, spielerisch, spüren dem Gegenschlag am Fuß nach, holen Schwung, sind dabei, machen mit, so ist es gut Jungs, ein Gefühl müßt ihr kriegen dafür und immer dicht am Fuß dicht am Fuß sage ich nun gib schon mal rüber die andern stehen schon längst frei.

Jörg schrie noch immer mit überkippender Stimme „Schlesier, Schlesier!", und dann fiel ein Stuhl auf Johannes, dann blutete irgendwas in dem dünnhäutigen Gesicht, dann griffen wir in die Haare und drehten und er schrie und wir hörten nicht auf, dann entdeckten wir die Instrumente.
Füllfedern stechen zu. Geschichtsbücher bringen Lippen zum Platzen. Die braunen Augen sind groß. Lineale pfeifen schmalkantig gegen den Kehlkopf und schneiden den Hilfeschrei ab. Zirkelspitzen zeichnen Dornenspuren in die Stirn. Gleichschenklige Dreiecke treffen den aufgerissenen Mund. Johannes wehrt sich nicht. Tieraugen wehren sich nicht gegen die Zirkel. Lineale wie Messer. Kreidestücke im Mund. Das macht eine sanfte Stimme. Aber er schreit nicht. Aber er bewegt sich nicht. Aber er ist eine kleine Puppe. Aber dann verkündet plötzlich der Lautsprecher über der Tafel, Durchsage an alle Klassen, daß Schüler gesucht werden, um Ehrenwache zu halten mit Fackeln am Grabmal des unbekannten Soldaten gegenüber der Schule.
Als der Lautsprecher zu rauschen begann, erschrak Johannes und brach die Prozedur ab. Jörg Schindel hatte „Au" gesagt. Die Sünde war nicht getilgt. Zwei von uns meldeten sich für die Ehrenwache.
Wir blieben auf unseren Stühlen.
Wir wollten Johannes nicht enttäuschen.
Wir haben zugesehn.
Wir haben nichts getan. Nicht mitgemacht.
Nichts unternommen. Nicht dabeigewesen.
Wir vom Jahrgang 44 haben das Klassenziel erreicht.

Hermann Jandl

DIE VOLLKOMMENE ERZIEHUNG

der vater	liebt	die mutter	und
	züchtigt	die tochter	
auf daß sie	werde wie	der sohn	
die mutter	liebt	den vater	und
	züchtigt	den sohn	
auf daß er	werde wie	die tochter	
der sohn	liebt	die mutter	und
	züchtigt	die tochter	
auf daß sie	werde wie	der vater	
die tochter	liebt	den vater	und
	züchtigt	den sohn	
auf daß er	werde wie	die mutter	
der vater	liebt	den sohn	und
	züchtigt	die mutter	
auf daß sie	werde wie	die tochter	
die mutter	liebt	die tochter	und
	züchtigt	den vater	
auf daß er	werde wie	der sohn	
der sohn	liebt	den vater	und
	züchtigt	die mutter	
auf daß sie	werde wie	die tochter	

die tochter liebt die mutter und
züchtigt den vater
auf daß er werde wie der sohn

der vater liebt die tochter und
züchtigt den sohn
auf daß er werde wie er

die mutter liebt den sohn und
züchtigt die tochter
auf daß sie werde wie sie

der sohn liebt die tochter und
züchtigt den vater
auf daß er werde wie er

die tochter liebt den sohn und
züchtigt die mutter
auf daß sie werde wie sie

Jens Rehn

DER GROSSE HECHT

Dies ist der große Hecht.
Er wohnt in der tiefsten Stelle des Sees
hinter einem gewaltigen schwarzen Stein.
Seine kleinen Augen starren gutmütig.

Sein langes Maul hat keine Zähne mehr,
weil er schon so alt ist.
Schnell schwimmen kann er auch nicht mehr.
Und nun
ist er schon ganz grün vor Hunger.

Am liebsten frißt er natürlich
kleine, möglichst zarte Fische,
genau so gern
wie zum Beispiel die Menschen
Kalbsbraten oder Spanferkel oder Blutwurst
essen, auch die,
die im Tierschutzverein sind.
Der große Hecht ist natürlich
nicht im Verein, da braucht er
wenigstens nicht zu lügen.
Aber Hunger hat er trotzdem.

Wer wohnt denn noch in dem See?
Im Schilf schlängeln sich kluge Aale
und suchen nach Aas; unter der Oberfläche
flitzen die Weißfische, und Barsche
wühlen den Dreck auf mit ihren Schnauzen;
die Karpfen aber schauen blöd daher.

Und dann wohnt da noch die
Goldfischfamilie:
Vater und Mutter mit ihrer Tochter,
die heißt Emmi,
und niemand weiß, warum.

Jeden Sonntag
schwimmt die Goldfischfamilie spazieren.
Das ist so üblich, macht niemandem Spaß,
ist aber gesund.
Wenn Emmi ‚Scheißspazieren' sagt,
bekommt sie eins hinter die Schuppen und muß
natürlich doch mit.
Sie darf nicht herumstrolchen
oder sich gar dreckig machen.
Was die Eltern sich beim Spazierenschwimmen erzählen,
ist nicht interessant, meistens schweigen sie
oder haben schlechte Laune.

„Wenn du – sagt der Vater – nicht bei uns bleibst,
artig, wie es sich gehört, frißt dich der
Große Hecht, ist das klar!"
„Und saue dir nicht die Flossen ein – schimpft
die Mutter – ich habe keine Lust,
immer und immer wieder alles sauber zu machen!"
Die kleine Emmi kennt das schon
und hört gar nicht mehr zu. Statt dessen
macht sie ein Gesicht, wie Eltern es gerne haben.
Naja, und dann schwimmen sie alle 3 los.

Emmi kennt in dieser Gegend des Sees
jede Schilfecke, alle Wassergrashalme, einfach alles.
Sie langweilt und mopst sich.
Es ist nichts los, überhaupt nichts.
Nur ein paar dämliche Kaulquappen zanken,
zwei uralte Kröten unken sich an und tratschen,
einige Stichlinge schlafen in der Sonne.

Nein, es ist rein gar nichts los.
Wieder mal so ein richtig öder Tag des Herrn!

Ausgerechnet an diesem Sonntag
war ein Mensch an den See gekommen,
um zu angeln.
Er hat ein kleines Zelt aufgeschlagen,
den Spirituskocher und die Pfanne bereitgestellt,
und nun spießt er einen Regenwurm
auf den Angelhaken.
Der Regenwurm krümmt sich,
denn das hat er nicht gern.

Der Mann steigt mit seinen Angelsachen in das Boot,
rudert bis in die Mitte des Sees
und wirft die Angel aus.
Da sitzt er nun ganz still
und wartet und wartet und wartet.

Als es doch länger dauert,
steckt er sich eine Zigarette an,
was er nicht darf, wegen seines Hustens.
Und schon hustet er,
daß das Boot nur so schüttert.

Selbst die dümmsten Fische
konnten sich jetzt denken,
was da oben wohl los war:
weg sind sie!

Selbstverständlich sind auch die Eltern weg,
die von Emmi,
sie haben sich versteckt, das ist ja wohl klar.
Wo aber
ist sie selbst?
Hier ist sie nicht,
und da auch nicht.
„Verdammtes Gör – sagt der Vater leise (damit ihn
der Mensch da oben nicht hören kann) – das Mädchen
tut einfach nicht,
was man ihr sagt,
na, warte nur!"

Gerade um diese Zeit
ist Emmi bei dem gewaltigen Stein
und dem Großen Hecht
angekommen.
Artig sagt sie „Guten Tag",
so, wie es sich gegenüber älteren
und ganz alten Leuten gehört.
Da erst merkt der Große Hecht,
daß jemand in der Nähe ist,
weil er ja schon so schlechte Augen hat.
Der Große Hecht sagt gleichfalls
„Guten Tag",
schwimmt langsam näher heran
und
schnappt zu.

Ja, was ist nun passiert?
Der Große Hecht hat den kleinen Goldfisch

in 1 Stück
heruntergeschluckt,
weil er ja keine Zähne mehr hat:
Was sollte er denn sonst tun?
Es gibt eben kein Unglück
ohne 1 Quäntchen Glück!
Nun ist Emmi also im Hechtbauch,
und darin fühlt sie sich gar nicht wohl,
schon allein deswegen,
weil es so gruselig dunkel ist.

Kaum hat er die kleine Emmi im Bauch,
wobei jetzt der ärgste Hunger vorbei ist,
da staunt der Große Hecht nicht schlecht:
denn, wie zum Nachtisch,
kommt vor seiner Schnauze
ein Wurm vorbeigezappelt.
„Welch ein Glückstag – denkt der Große Hecht laut –
endlich werde ich einmal wirklich satt!"
Und dann schnappt er auf's neue behaglich zu.

Aber, aber, aber:
sofort merkt er,
daß da irgendetwas nicht stimmt,
daß er 1 Fehler gemacht hat!
Denn innen,
in seinem Maul,
tut es schrecklich weh.
Und noch schlimmer:
oben zieht jemand,
der holt ihn aufwärts in den Himmel,

wohin er gar nicht will.
„Scheiße", sagt er, „da hat mich jemand
am Haken!"

Der Mensch mit Angel zieht und zieht,
denn der Große Hecht wehrt sich natürlich.
Wer hat so etwas schon gern?
Als der Angelmensch den Fisch im Boot hat,
zieht er ihm den Haken aus der Schnauze.
Der alte Fisch schlägt um sich
so böse er nur kann,
sagt ganz laut „Himmel und Arsch!",
und nun hat er auch noch Bauchschmerzen,
denn Emmi da drinnen hat was gemerkt
und strampelt und strampelt und will raus.
Naja, und da bekommt der Große Hecht
Vor Anstrengung
und Aufregung
einen Herzinfarkt
und gibt seinen großen Hechtgeist auf,
schließlich war er
ja schon ein ziemlich alter Fisch.

Der Mensch da oben über dem Wasser
freut sich
über den guten Fang.
Er rudert zurück ans Ufer.
Er holt sein Messer aus dem Zelt
und schlitzt den Hechtbauch auf.
Er reißt den Magen und die Gedärme heraus,
piekt die Schwimmblase des Fisches auf

– „pfffff" macht es –,
schlägt den Kopf ab
(denn den kann man ja nicht essen),
und dann wäscht er alles ordentlich sauber.
Schließlich steckt er den Kocher an
und setzt die Pfanne auf,
mit Butter drin.

Da
sieht er etwas auf der Erde herumzappeln,
klein und golden.
„Nanu! – sagt er – Wo kommst du denn her?"

Einen Augenblick überlegt der Mann:
erstens einmal ist dieser Fisch viel zu klein,
und kann man, zweitens,
Goldfische überhaupt essen?
Nein, wirklich, das lohnt sich nicht.
Er faßt Emmi beim Schwanz
(was gar nicht so einfach ist,
weil sie so herumschnellt)
und schmeißt sie
zurück in den See.
Warum der Mann das getan hat,
weiß niemand.
Er hätte den kleinen Fisch
ja genau so gut
einfach liegen lassen können,
nichtwahr?

Danach
zerhackt der Mensch
den saubergemachten Rest-Hecht
in 3 Teile,
tut ihn in die Pfanne mit der zischenden Butter,
brät ihn gut durch und ißt ihn auf.
Der Große Hecht schmeckt nicht besonders.
Kunststück:
nach einem Herzinfarkt in diesem Alter!

Emmi allerdings atmet ersteinmal tief durch,
endlich kann sie wieder richtiges Wasser schnappen.
Das tut gut!
Dann schwimmt sie langsam nach Hause,
den Weg kennt sie ja,
aber es ist schon so spät geworden,
die Sonnenstrahlen fallen ganz schräg
durch das Wasser,
und was erst die Eltern sagen werden,
wenn sie so spät kommt,
und wie soll man das alles erklären?
Tja, wie?

Und kaum ist sie zu Hause,
was passiert?
„Wobistdugewesen" – sagt der Vater,
„Washastdugetan" – sagt die Mutter,
„Undderdreckhinterdenkiemen" – sagt die Mutter,
„Ichhab'sdirjaimmergesagtverdammtnochmal" sagt –
„aber hören kannst du ja nicht" – sagt der Vater ganz deutlich,
„Esistimmerdasselbe mit dem Kind" – sagt . . .

Als die kleine Emmi
in ihrem Wasserbett liegt,
endlich,
denkt sie beim Einschlafen:
Endlich mal ein interessanter Tag . . .
Der alte Hecht war eigentlich doch ganz nett:
ich . . .
ich werde . . .
werde mich bald mal . . .
bald mal . . .
(und da schläft Emmi schon beinahe)
. . . mal um die jungen
Hechte
jungen Hechte
jungen Hechte . . .
kümmern . . .
Ach ja.

Ja, und jetzt ist sie eingeschlafen.

Und damit ist die Geschichte zu Ende.
Was aber soll man von ihr halten?
Ob man will oder nicht:
manchmal wird jemand erlöst
und weiß nicht,
wie
oder
warum,
und vor allem nicht:
wozu.

Herbert Eisenreich

EIN BEISPIEL CHRISTLICHER NÄCHSTENLIEBE

Vor dem Richter sagte sie dann: „Nur die Angst um ihn war es. Immer die Angst: jetzt stirbt er, und kommt in die Hölle. Immer diese Angst. Er war sonst ein braver Bub, immer folgsam, nie laut, nur das in der Nacht, ich hab's ja gehört durch die Tür, die nur angelehnt war, immer wieder, sein ganzes Bett hat gewackelt, das war die Sünde. Ich hab' ihm immer gesagt: sei schön brav und schlaf gleich, und hab' ihm das Kreuz auf die Stirn gezeichnet, und wie er nicht aufgehört hat, er war da schon vierzehn, da hab' ich ihm so ein Heft von dem Stand bei der Kirchentür mitgebracht und er hat es gelesen, doch aufgehört hat er noch immer nicht mit diesen Sachen, obwohl er doch früher einmal Ministrant war und überhaupt folgsam und brav, und am Sonntag ist er stets beichten und kommunizieren gegangen, doch in der Nacht dann war's wieder das selbe, ich hab' mir schon nicht mehr zu helfen gewußt. Denn wenn er krank war, dann hab' ich gedacht, das ist jetzt die Kinderlähmung oder so etwas und in ein paar Tagen dann ist er tot, und an Tetanus hab' ich gedacht und an Blutvergiftung, wenn er mit aufgeschlagenen Knien nach Hause gekommen ist, und ich hab' mir gedacht, eine Kreuzotter beißt ihn beim Heidelbeerbrocken; und wenn er im Autobus in der Stadt war, das war dann noch schlimmer, so etwas Plötzliches wie ein Verkehrsunfall: nicht mehr die Zeit zum Beichten und Kommunizieren. Ich hab' ihn auch nicht mehr zum Baden gehn lassen, auch Kinder kriegen da manchmal den Herzschlag, und hab' auf ihn aufgepaßt wie ich nur konnte, und wenn es ganz still in der Wohnung war, weil er gelesen hat oder so etwas, dann hab' ich gedacht, er ist tot und drunt' in der Hölle.

Nur wenn er grad beichten und kommunizieren war: da hab' ich dann gar keine Angst mehr gehabt diesen Tag lang. Doch in der Nacht war's dann wieder das selbe, und ich war voll Angst wie zuvor. Nur die Sonntage waren schön, wenn er beichten und kommunizieren war und ganz rein und ganz ohne Sünde, da hat er auch anders ausgeschaut, grad wie ein Engel. Vielleicht, wenn sein Vater nicht auf und davon wär', gleich wie's passiert ist: vielleicht wär' es anders gekommen: ein Vater hätt' reden können mit ihm. Ich aber, wie hätt' ich denn reden können mit ihm über das, was da war in der Nacht? Ich hab' gebetet für ihn, und ich hab' ihn die Zehn Gebote hersagen lassen und hab' ihn beim sechsten extra gefragt, ob er's auch versteht, und ich hab' ihm die Hölle gezeigt auf den Bildern im Katechismus und in unsrer Kirche, und hab' getan und gesorgt für ihn all die Jahre und hab' mir gedacht, er soll's gut haben, soll ein gesunder und braver Bub sein, ein braver Mann werden, der dann nicht Sachen macht wie sein Vater, der eine Jungfrau in andere Umstände bringt und davonläuft. Nein, der Bub sollte brav und anständig werden, nicht wie sein Vater, der doch so ein großer Sünder war. Alles hab' ich getan, daß er brav und anständig wird, nur das eine, das hab' ich ihm einfach nicht austreiben können. Und deshalb hab' ich die Angst gehabt: immer die Angst, er stirbt, und kommt in die Hölle. Und wie wir dann einmal nach Hause gekommen sind von der Messe, und wie ich ihn angeschaut hab', wie er rein war und frei von Sünde und wie ein Engel: da hab' ich's nicht aushalten können, diesen Gedanken, daß er sich wieder beflecken wird mit der Sünde. Ich hab' mir gedacht: wenn er jetzt, jetzt gleich, stirbt, dann muß ich nie wieder, nie wieder mein Leben lang, diese Angst haben, daß er in Sünde verfällt und im sündigen Zustand stirbt und dafür in die Hölle kommt, in die Hölle für alle Ewigkeit, nein, nie wieder die Angst, und dann hab' ich ihm's in die Suppe getan, und wie ihm dann übel geworden ist, da hab' ich ihm noch das Kopferl gehalten beim Speien und ihn dann aufs Bett gehoben, den schweren Burschen mit seinen fast fünfzehn Jahren, und hab' ihm ein feuchtes Handtuch unters Genick gelegt und hab' ihm den Schweiß abgetrocknet, klatschnaß war sein ganzer Körper, gezittert hat er und dann sich gekrümmt und geworfen, ich konnt' ihn schon gar nicht mehr bändigen, und da ist er dann gegen die Wand geplumpst mit dem Schädel und hat zu schreien versucht, doch das hat er schon gar nicht mehr richtig können, sein Mund war voll Schaum, und ich hab' noch gebetet mit ihm, ja wirklich: ich hab' ihm geholfen, bis alles vorbei war; und hab' ihm die Hände gefaltet und hab' ihm das Kreuz auf die Stirne gezeichnet und hab' ihm die Augen zugedrückt, ganz verdreht waren sie, und ich hab' keine Angst mehr um ihn gehabt, nicht mehr die Angst, er sündigt und stirbt und kommt in die Hölle." Weiter sagte sie nichts.

Guntram Vesper

JAJA ACH ACH

Jaja das erste Erlebnis ergab sich
Achtundfünfzig ergab sichs
da war dieser Kleinbahnbahnhof hach ich
hatte das noch nie gesehen das große Höschen
fiel unter die Bank da lag sie:
die minderjährige Tochter eines Tischlers mit großen Plänen
am Sonntagnachmittag ihre
Beine waren mir zu dick aber
Augen geradeaus immer es galt

eisern zu sein keine Schwäche
und gar keine Bedenken
was von mir stieß da unten durch dieses Gewirr
ich kann mich genau erinnern neben ihrem Kopf war ein
Hakenkreuz in die Bohle geschnitten ein Zeichen was sonst
stand auf dem Kopf war das Spiegelbild gab
mir zu denken damals als würde mein Vater mir
wie soll ich sagen über die
Schultern gucken trotzdem
das ging wie von selbst das
waren noch Zeiten wenn ich
da an heute denke ach ach

katrine von hutten

DIESE HOFFNUNG

meine hoffnungen sind zugrunde gegangen wie steine. ich habe sie zusammengeschoben, geschichtet und festgestellt, daß ich doch noch einmal darauf bauen kann. wenn alles wieder zusammenbricht, mache ich großen feierabend bis mir die zunge vom jubeln, die hände vom klatschen und die füße vom tanzen abfallen. dann habe ich eine starke hoffnung auf nachwuchs von zunge, hand und fuß.
diese hoffnung stützt mich ungemein.

5

Utopie. Sie kocht über,
verdirbt den Geschmack
an den Wirklichkeiten,
die möglich sind.

Hans Peter Keller

Christoph Meckel

Was dieses Land betrifft: hier ist kein Ort, für die Zeit
die da kommt, einen Grundstein zu setzen. Dies ist kein Ort
für mehr als ein Dasein in Kälte, abgeschieden
einsilbig und überstimmt. Wenn dein Knochen wandert
in dir auf der Suche nach Leben und ausbricht, hungrig
nach Freude und Zukunft, aber zurückkehrt
ruhlos, weltwund, todnah – wo ist der Genosse
ohne Vertrag, der Bruder ohne Berechnung? Wer hat
seinen Traum nicht zertrampelt oder verkauft, seine Sprache
nicht abgestimmt auf jedermanns Vorschrift und Vorteil?
Wer hat seinen Kopf nicht eingezogen, wer schleicht nicht

mit halber Sonne unter dem Hut in sein Loch
wo der Untergang Staub ansetzt und die Liebe,
ein Haustier, sich ausschläft. Wo ist ein Mensch
der Handschellen weder trägt noch anlegt, wo ist
der Ort, für die Zeit die kommt, einen Grundstein zu setzen?

Hier bleibst du stehn und läßt dir nicht sagen: verschwinde.

Friedel Thiekötter

DIE HAND AM MORGENSTERN

I

„Wetten, daß der hält."
„Hält bestimmt nicht, wenn du ihm deinen Morgenstern vor die Nase hältst."

Man steht so dumm rum am Straßenrand. Dunkel wirds auch schon. Und man muß schließlich weiter.

„Wenn er dich sieht, hält er bestimmt nicht."

Man steht so dumm rum. Wartet auf die Wagen, die vorbeirauschen, schnittig oder meinetwegen auch Volkswagen. Aber man muß nun endlich weiter.

„Hast du schon mal n Mercedes gesehn, der anhält."
„Scheißtypen."

Natürlich Scheißtypen. Sind alles Scheißtypen. Steht man so dumm rum am Straßenrand. Bestellt. Nicht abgeholt. Aber wegkommen muß man, da hilft alles nichts. Sind Scheißtypen. Besonders der im Zug, das war vielleicht ne Scheißtype.

Schrie dumm rum, heulte auf, wälzte sich im Gang. Also steht man so am Straßenrand. Tut als habe mans eilig, als fürchte man sich vor der Nacht.

„Wetten, daß der hält."

Zunächst hat er ja ganz brav die Zigarette rausgerückt. Sie haben ja sehr schöne Zigaretten da. Wollen Sie uns nicht eine geben. – Aber bitte sehr. – Aber bitte sehr, hat er gesagt, aber bitte sehr. Wenn man das hört, aber bitte sehr. Dieser glänzende Ring auf seinem Finger war natürlich auch sehr schön. Sehr schön glänzend. Gegen das Licht des Abteils gestellt, glänzte er sehr schön.

„Wetten, daß der hält."
„Nimm deinen Morgenstern weg."
„Scheißtypen."
„Aber eigentlich wars ganz leicht da rauszukommen."

Wenn der Ring gegen das Licht stand. Und die Gravuren Schatten gaben. Dein Ring ist sehr schön. Ein Blick von der Seite weg und mißtrauisch. Willst du uns nicht deinen Ring geben. Dann die blöde Ausrede, ob wir noch eine Zigarette möchten. Oder der Blick durchs Abteilfenster, wo nichts zu sehen war in der Dunkelheit, wo sich bloß das Abteil spiegelte.

„Wetten, daß der hält."
„Eigentlich wars ganz leicht da rauszukommen."

Dieser blöde Blick zum Fenster raus. Wos nichts zu sehen gab als das Abteil. Blöd unbeteiligt. Du willst uns also wirklich nicht deinen Ring geben. Natürlich wollte er nicht. Wollte den Ring für sich behalten, wollte weiter zum Fenster rausblicken, ins Abteil rein. In die Dunkelheit raus, ins Abteil rein, warum blickte er nicht direkt ins Abteil. Immer brauchen sie Spiegel. In den Spiegel reinschauen. Sich rasieren. Sich die Krawatte umbinden. Ins gespiegelte Fenster reinschauen. Einen am Straßenrand dumm rumstehen lassen. Bestellt und nicht abgeholt. An der Seite vorbei, durchs gespiegelte Fenster gucken. Auf keinen Fall direkt gucken. Vielleicht neugierig zur Seite, dann vielleicht. Auf jeden Fall nicht anhalten. Einen dumm am Straßenrand rumstehen lassen. Auf keinen Fall anhalten.

„Wetten, daß der hält."
„Du mit deinem Morgenstern."
„Eigentlich wars ganz leicht da rauszukommen."

Und natürlich auf keinen Fall einen Ring rausrücken, der einem gefällt. Also mit den Füßen nachhelfen, vors Schienbein. Ein wenig den Arm verrenken, auf den Rücken. Ein wenig stöhnen lassen. Und sagen, du hättest uns doch besser den Ring gegeben eben, nicht.

IN DIESEM AUGENBLICK SPRANG DER MANN AUF. STÜRZTE DURCH DEN MITTELGANG. SUCHTE ZU ENTKOMMEN.
WIR HINTERHER.

Weglaufen, das können sie. Weglaufen und in den Spiegel gucken. Nicht direkt. In den Spiegel, aber genau beobachtend. Wir hatten noch keinen Morgenstern, sonst wäre er erledigt gewesen, unbedingt. Stürzte also den Gang entlang. Wir hinterher. Er stürzte weg. Schnell. Abteile suchend, wo Leute saßen. Belebtere Abteile. Einfach mal den Fuß ausstrecken, daß er hinfällt, lang in den Gang hinein. Einem Dicken vor die Füße fällt, der schnell die Füße wegzieht und ins Fenster blickt, in dem sich das Abteil spiegelt. Einfach mal in seinen Bauch treten, daß er stöhnt. Einfach mal zwischen seine Beine treten, daß er schreit. Der Dicke schaut weiter zum Fenster hinaus und überblickt das Abteil. Der mit dem Ring streckt uns nun den Ring entgegen. Wir stoßen ihn weg. Der Ring fällt zu Boden, rollt unter einen Sitz. Die Frau rührt sich nicht, blickt zum Fenster hinaus, überblickt das Abteil. Der mit dem Ring, der uns den Ring hinhielt, stürzt aus dem Abteil, will zum Klo, haben wir ihn doch an die Blase getreten. Will sich retten, das Schwein. Mit dem Kinn fällt er auf die Klinke und unsere Fäuste sind an ihm.

ALS ER SAGT, WIR SEIEN ROCKER, SIND WIR STOLZ.

„Wetten, daß der hält."
„Dein Morgenstern."
„Es war leicht da rauszukommen."

Wir haben dann die Zugtür aufgerissen und ihn rausgeschmissen. Aber der Zug fuhr schon sehr langsam. Als die Bahnpolizei kam, war der Dicke sehr aufgeregt, und die Frau sagte, sie habe alles genau gesehn.

„Wetten, daß der hält."
„Hast du schon mal n Mercedes gesehn, der hält."
„Du mit deinem Morgenstern."
„Auf jeden Fall sind wir da raus."

DIE POLIZEI SAGTE, WIR SEIEN ROCKER.
WIR SAGTEN JA.

Der Richter sagte, das hätten wir doch nicht tun dürfen, was wir uns denn dabei gedacht hätten und ob unsere Väter tatsächlich Trinker gewesen wären. Er sagte Trinker.
Ja, mein Vater war Trinker.
Ja, mein Vater hat meine Mutter geschlagen.
Ja, ich wollte meinen Vater umbringen.
Ja, mein Vater wollte nicht, daß ich lange Haare trage.
Ja, meine Mutter mußte in der Fabrik arbeiten.
Ja, tagsüber war ich allein.
Früher, als ich noch nicht Rocker war.
Ja, meine Freunde haben mir geholfen.

Ja, auf Leder kann ich besonders.
Ja, ich habe mir einen Irokesenschnitt zugelegt.
Ja, Hippies find ich beschissen.
Ja, auf Leder kann ich besonders.
Warum wir denn nun den Ring hätten haben wollen, fragte der Richter. Der Richter fragte noch öfter nach dem Ring, und die Frau sagte, er sei unter den Sitz gerollt. Sie habe sich danach gebückt und hier sei er. Warum wolltet ihr den Ring eigentlich haben, fragte der Richter.

„Wetten, daß der hält."

Im Grunde war es sehr einfach da wieder rauszukommen. Der Weg über die Mauer. Ein Sprung mehr nicht.

„Wetten, daß der hält."
„Steck deinen Morgenstern weg, sonst hält diese Type nie."

Manchmal hält doch ein Mercedes an. Hält ungefähr zehn Schritt weiter am Straßenrand. Und als wir heran sind, dreht er die Scheibe herunter. Noch fragt er nicht, wo wir hin wollen.

II

Na, was sind das denn für Typen?

IN DIESEM AUGENBLICK SIEHT HERR RADMANN ZWEI TRAMPER.

Diese beiden Typen machen mit der Hand ein Zeichen, daß sie mitgenommen werden möchten. Zeigen mit dem Daumen in seine, Herrn Radmanns Richtung. Sie haben recht damit: Herr Radmann ist weltaufgeschlossen. Man hat was übrig für die Jugend. Man kennt sie ja alle vom Sportverein her. Vom Aussehen her, nein, vom Aussehen her darf man sie nicht beurteilen. Nach dem Aussehen darf man einen Menschen nie beurteilen. Sicherlich nicht! Herr Radmann hat ein Herz für die Jugend. Und sonntags oft stellt er der Knabenelf seinen Lieferwagen zur Verfügung, für die Auswärtsspiele. Manchmal fährt er auch selbst. Herr Radmann war Pfadfinder. Gruppenführer sogar. Herr Radmann kennt die Jugend. Er meint, Trampen sei gut für die Jugend, das erweitere den Horizont. Er ist aufgeschlossen und interessiert. Zum Beispiel: Das sind ja zwei ganz interessante Typen da. Herr Radmann ist interessiert.

IN DIESEM AUGENBLICK INTERESSIERT SICH HERR RADMANN FÜR DIE BEIDEN TYPEN AM STRASSENRAND.

Gut, man hält an. Man ist ja gar nicht so, hat man doch ein Herz und ist aufgeschlossen. Hält an und dreht die Scheibe herunter. Zunächst sieht Herr Radmann den interessanten Haarschnitt der beiden Typen. Wohl das Neueste, was. So ein Haarstreifen längs über den Kopf. Wohl das Allerneueste. So indianisch, so Karl May. Allerdings paßt der Morgenstern gar nicht dazu. Er kennt das aus Filmen. Ist das doch eher mongolisch. Aber Indianer sind fast Mongolen, hat er mal irgendwo gelesen. Er kennt das. Diesen Stock mit einer Kette und einer metallischen Kugel daran, Stachelkugel. Herr Radmann kennt das.

IN DIESEM AUGENBLICK SIEHT HERR RADMANN DEN MORGENSTERN.

Hastig stößt Herr Radmann seinen Fuß gegen das Gaspedal. – Also ein Morgenstern. Morgenstern. Und gleich ist es Nacht. Die Straße unbelebt. Sich abmurksen lassen im eigenen Wagen. Das wäre was. Diese Verbrecher. Die kamen einem gleich verdächtig vor. Diese Typen kennt man ja. Herr Radmann kennt diese Typen. Herr Radmann will sich im eigenen Wagen nicht abmurksen lassen. Deswegen tritt Herr Radmann auf das Gaspedal. Und die Beschleunigung eines Mercedes ist ja bekannt. Diese Verbrecher kennt man ja. Da heißt es nichts wie weg und auf und davon. Und neulich in der Zeitung stand es ja auch. Irokesenschnitt. Richtig, Irokesenschnitt und die Bande im Zug. Nun dieser Schlag auf den Kofferraum, die Hand, die sich am Fenster nicht halten kann, abrutscht, dieser Schlag, der den Wagen federn läßt, die Hand, die abrutscht, aber man ist schon weg, die Beschleunigung beim Mercedes ist ja bekannt.

IN DIESEM AUGENBLICK SPÜRT HERR RADMANN EINEN HARTEN SCHLAG AUF DEN KOFFERRAUM SEINES MERCEDES.

Aber Herr Radmann ist schon weg und denkt daran, daß es neulich in der Zeitung stand. Tritt hart auf das Gaspedal. Nachdrücklich. Daß neulich in der Zeitung stand, das mit der Rockerbande im Zug. War da ein Herr so freundlich gewesen, denen eine Zigarette anzubieten. Da hatten sie doch tatsächlich seinen Ring gefordert. Der wäre so schön gewesen. Natürlich hatte er ihn nicht herausgegeben. Natürlich wollte er nicht. Wie käme er auch dazu. Da hatte der Herr im Zug mit dem goldenen Siegelring fliehen wollen, saß er doch allein mit der Bande im Abteil, hatte Leute zu Hilfe holen wollen. Da aber hatte ihn die Bande verfolgt. Hatte ihn zu Boden geschlagen, in den Magen getreten und gegen die Geschlechtsteile. Da hatte sich der Mann auf die Toilette flüchten wollen. Aber da hatte die Bande ihn aus dem Zug geworfen. Schädelbasisbruch. Und was hatte die Bande bekommen, ein bißchen Jugendstrafe, nur weil das Elternhaus zerrüttet war, milieugeschädigt nennt man das wohl heute.

IN DIESEM AUGENBLICK FÄLLT HERR RADMANN EIN, DASS ER EINE HARTE JUGEND ERLEBT HABE.

Nur weil der Vater jeweils Säufer war, die Mutter jeweils hatte arbeiten müssen in der Fabrik. Nur weil die Eltern sich jeweils geprügelt hatten und der Junge jeweils allein war. Aber dann hingehn und einen aus dem Zug werfen, nur ein bißchen Jugendstrafe dafür. Früher wäre das anders gewesen.

IN DIESEM AUGENBLICK DENKT HERR RADMANN DARAN, DASS DAS FRÜHER ANDERS GEWESEN SEI.

Auch denkt Herr Radmann daran, möglichst schnell nach Hause zu kommen. Wohnt er doch nur wenige Kilometer entfernt. Ein nettes, kleines Reihenhaus im Vorort. Erreicht die Garage sehr schnell. Die Gedanken noch voll von den Rockern an der Straße, von denen man ja dauernd in der Zeitung liest. Und es könnte auch in der Zeitung stehen, daß Herr Radmann diesen Typen, die sogar einen Morgenstern bei sich trugen, auf der Landstraße mit knapper Not entkommen ist. Mit knapper Not entkommen, würde dastehn. Es würde dastehen, daß Herr Radmann in seiner Garage aus dem Wagen gestiegen sei und das Licht eingeschaltet habe, um zu sehen, was das für ein Schlag auf den Kofferraum gewesen sei. Die Zeitung würde berichten, wie der Autofahrer R. um seinen Wagen herumgegangen sei, gesehen hätte, daß der Morgenstern in das Blech eingedrungen sei, tief eingedrungen sei und sich festgehakt habe. Daß der Wagenbesitzer die Kette gesehen habe mit dem kurzen Stock mit der Schlaufe. In der Schlaufe aber habe der Wagenbesitzer mit Entsetzen, mit Entsetzen hätte die Zeitung geschrieben, eine Hand gesehen, großer Gott, eine Hand, abgerissen, die abgerissene Hand gesehen, würde in der Zeitung stehen. Die Beschleunigung beim Mercedes kenne man ja.

IN DIESEM AUGENBLICK BEMERKT HERR RADMANN MIT ENTSETZEN DIE BLUTIGE FRANSIGE HAND DES ROCKERS MIT DEM MORGENSTERN.

Dann würde dastehen, der Autofahrer R. sei bleich vor Entsetzen, bleich vor Entsetzen würde dastehn, ins Haus gestürzt.

III

Natürlich habe Herr Radmann nach einigen Momenten des Schreckens, der Überlegung und einem Kognak die Polizei angerufen. Habe Frau und Kindern streng verboten, der Garage auch nur zu nahe zu kommen, ohne natürlich den Kindern genau zu sagen, was geschehen sei. Die Frau habe die Kinder zu Bett geschickt. Habe sich dann schreckensbleich in den Sessel gesetzt. Das Fernsehen abzuschalten, habe sie vergessen. Natürlich sei die Polizei auch sofort gekommen und habe den Fall aufgenommen. Herr Radmann aber sei nicht mehr dazu zu bewegen gewesen, nochmals in die Garage zu gehen. Die Polizei habe also genau den Fall aufgenommen und Herrn Radmanns Bericht genau zu Protokoll genommen. Allerdings habe dann die Polizei darauf dringen müssen, daß Herr Radmann sie an die Stelle der Vorkommnisse begleite. Man habe jedoch zuvor die Spuren des grausigen Ereignisses in der Garage beseitigt, was die Hausfrau sehr beruhigt habe. Nein, mit einer abgerissenen Hand unter einem Dach sei nicht zu leben, niemals. Allerdings habe sie dann gesagt, daß er, der Autofahrer R., also ihr Mann schnell zurückkommen solle. Die Polizei sei dann mit Herrn Radmann zu der Stelle der grausigen Vorkommnisse zurückgefahren, wo sie allerdings ein noch grausigerer Fund erwartet habe. Schreckensbleich seien sie dagestanden vor der Leiche des einen Rockers. Allen sei sogleich der Armstumpf aufgefallen und daß sein Kamerad fehlte. Von seinem Kameraden keine Spur. Aber die kenne man ja, die kenne man ja zur Genüge.

Guntram Vesper

KORRUPTION

Mit zwanzig bejahte mein Vater den Sozialismus
Mit dreißig fiel er in Rußland ein
Als er zurück war interessierte er sich nur noch
Für den Schmied von gegenüber der eine Ölmühle im Keller hatte
Heute sagt er beim Abschied wenn ich ihn besucht habe:
Tu deine Pflicht sie lohnt sich
Halt keine Reden
Gerechtigkeit Fortschritt Schwindel das alles
Ich lese sagt er
Marx zur Entspannung wie
die Ilias
Da
Sagt er dann noch und gibt mir fünfzig Mark

Angelika Mechtel

HOCHHAUSGESCHICHTE I

Als seine Frau das erste Kind erwartete, lag Heinz Keller tapfer vor Charkow.
Es wurde ein Sohn.
Achtundzwanzigjährig hatte der Assessor Heinz Keller die damals fünfundzwanzigjährige Irene geheiratet.
Er überlebte Stalingrad.

Acht Jahre später macht ihn der neue Staat zum Staatsanwalt.
Glücklich ist Heinz Keller von der Krim zurückgekehrt.
1950 wurde das zweite Kind erwartet, diesmal eine Tochter.
So begann die Zeit des Wohlstands und der Kinder.

Später studiert der Sohn Jura.
Die Tochter heiratet einen Rechtsreferendar.
Der Sohn besteht das erste Staatsexamen.
Die Tochter bringt das erste Enkelkind.
Der Sohn heiratet.

Die Zeit der Kinder ist vorbei.
Deshalb entschließen sich Heinz und Irene Keller, eine Drei-Zimmer-Wohnung in der Hochhaussiedlung am Stadtrand zu mieten.
Zur gleichen Zeit richtet die Schwiegertochter ein Eßzimmer in Teakholz ein.
Der Sohn besteht das zweite Staatsexamen.
Er ist glücklich und geht in den Staatsdienst.
Wie der Vater.
Der Vater hat sein Leben danach eingerichtet und verdient nicht schlecht dabei.
Im Hochhaus möbliert seine Frau Irene das Wohnzimmer. Auch sie nimmt Teakholz. Ihre Couchgarnitur übertrifft die der Schwiegertochter bei weitem.
Und Heinz Keller hat ein humanistisches Gymnasium besucht.
Der Sohn bringt den Enkel. Er kommt aus einem guten Stall und führt den Namen Keller weiter.
Das Geschlecht stirbt nicht aus.
Beinahe fünf Jahre wohnen Heinz Keller und seine Frau nun im Hochhaus am Stadtrand.

Der Sohn wird neunundzwanzig.
Die Tochter zwanzig.
Irene sagt: sie hat zu früh geheiratet.
Sie hat ihre Kinder geliebt wie Nippes in der Vitrine.
Die Zeit der Kinder ist vorbei.
Ihrem Mann ist sie stets eine gute Frau.
Sie leben im siebten Stockwerk zwischen drei Zimmern mit Bad, Küche und Loggia.
Wöchentlich einmal fährt Irene in die Stadt, Einkäufe zu machen.
Sie kauft zum Beispiel Puppen.
Puppen?
Die Nachbarinnen schätzen Irene.
Und im Leben der Kellers hat sich nach dem Krieg nichts Unvorhersehbares mehr ereignet.
Selten ist Stalingrad noch eine Erinnerung wert. Nur im Sommer zeigt Heinz Keller mit entblößten Beinen die Narben von Hungerödemen.
Andere haben ein Bein verloren.
Das macht die Kellers zufrieden.

Die Hochhaussiedlung kann an den Fensterreihen abgezählt werden.
An den Namensschildern.
Sechs Wohnungen auf einer Etage.
Vierzehn Etagen.
Ein Flachdach.
An den langgestreckten Balkons.
Irene verbringt die Zeit, die nicht mehr mit Kindern ausgefüllt ist, mit Puppen.
Irene zählt ab.
Ich und Du.
Vierundachtzig Mietparteien in einem Haus.

Enemenemu.
Zehn Hochhausblöcke liegen um einen künstlichen See. Das Baden im See ist verboten.
Achthundertundvierzig Mietparteien.
Irene hat vor dreißig Jahren die Nächte, in denen Nachbarn abtransportiert wurden, unbeschadet überstanden. Sie hat sich nichts Böses dabei gedacht.
Raus bist Du.
Heinz Keller sagt: das Maß aller Dinge ist der Mensch.
Grausamkeiten lehnt Irene ab.
Jetzt zerlegt sie Puppen und organisiert die Hochhausgemeinschaft der Nachbarinnen. Sie fühlte sich sonst einsam.
Und sie denkt sich nichts Böses dabei, wenn sie den Puppen Arme und Beine vom Leib trennt.
Sie hat in den ersten Nachkriegsjahren versucht, von selbstgenähten Puppen zu leben, bis sie den Mann von der Krim heimkehren ließen.
Für Heinz Keller ist es unvorstellbar, jetzt noch einmal vor Stalingrad zu liegen.
Es wäre nicht die Todesangst.
Vielmehr die Brutalität, der er dort erlegen ist.
Sie glauben beide an das Gute im Menschen.
Befragt, könnte Irene nicht erklären, warum sie den Puppen die Köpfe vom Rumpf trennt.
Sie lieben beide die schönen Dinge des Lebens.
Ein gesunder Mensch, sagt Heinz Keller, kann nicht peinigen.
Er kennt sich aus.
Einer, sagt er, der in geordneten Verhältnissen aufwächst, neigt nicht zur Brutalität.
Seine Frau ist seiner Meinung und häuft zerstörte Puppenteile in der Speisekammer.
Sie umfaßt den blanken Körper einer Puppe. Mit zwei Fingern streicht sie zärtlich am Bauch entlang, bis sie ihn aufschneidet.

Sie hat zärtliche Hände.
Alte Puppen hatte sie schon als Kind gehortet.

Am Seeufer gegenüber fahren die letzten Mütter ihre Kinderwagen nachhause.
Heute Abend, sagt Heinz Keller, können wir auf dem Balkon sitzen.
Wir sollten an unseren Urlaub denken, sagt Irene. Im Frühjahr machen sie stets Sommerpläne.
In der Küche bereitet sie das Abendessen. Er deckt den Tisch auf dem Balkon.
Er ist ein guter Mann.
Auch abends trinken sie Tee oder Apfelsaft. Den Apfelsaft beziehen sie kastenweise.
Sie öffnen Prospekte auf der Tischplatte. Irene faltet die Glanzpapiere auseinander und greift mit beiden Händen nach den bunten Bildern.
Im Sand liegen, sagt sie, fünfundfünfzigjährig.
Oder Pompeji besichtigen, sagt er.
Jetzt können sie wohlgeordnete Dias der letzten fünfzehn Jahre aus der Schublade holen und die belichtete Freude der Kinder betrachten.
Irene Keller lächelt immer, wenn sie fotografiert wird.
Wenn wir verreisen, sagt sie, brauche ich ein neues Kleid.
Ihr Hochzeitskleid hängt noch im Schrank.
Mit zwei Fingern streicht sie ihrem Mann über die entblößte Kopfhälfte, erinnert sich und sagt: deine Haare!
Sie hat zärtliche Hände.
Wie kannst du so grausam sein, sagt er, wenn sie ihn an seinen Haarausfall erinnert.
Bin ich grausam? fragt sie und begießt gewissenhaft ihre Blumen in den Balkonkästen.
Sie spart nicht am Wasser.

Wie die Nachbarinnen, die einen friedlichen Eindruck machen und sich grüßend über die Brüstungen zunicken.
Sie denken daran, auch in zehn Jahren noch ihre Geranien so zu pflegen wie heute.
Sie sind gute Nachbarinnen und haben schöne Blumenfenster. Einmal wöchentlich treffen sie sich in einem ihrer Wohnzimmer.
Sie sagen sich etwas.
Oder sie erzählen.
Sie richten Hochzeiten aus und Geburten.
Oder sie lesen gemeinsam.
Sie sind gebildete Frauen.
Zum Beispiel Fontanes „Wanderungen durch die Mark Brandenburg".
Oder sie sprechen zwischen Kaffee und Kuchen und sanften Handbewegungen über den Mann und die Buddenbrooks.
Drei Monate lesen sie daran.
In der zweiten Etage zieht eine andere Familie ein. Einige Wochen später steigt die Frau aus dem zweiten Stock zu einer der Damen aus dem siebten Stock in den Aufzug.
Befragt, gibt die Frau an, daß sie von der Arbeit komme.
Schade, sagt Irene Keller, sie wird keine Zeit haben, einen Nachmittag mit uns zu verbringen.
Neugierig erkundigt sie sich, welcher Arbeit die Frau nachgeht und erfährt, daß sie in einer Puppenfabrik arbeitet.
In so einem Hochhaus, sagen die Nachbarinnen, kommt eben allerlei zusammen. Diese Hochhaussiedlungen machen keine Unterschiede mehr.
Aber man kann jeden Kontakt vermeiden.
Ernstlich erwägen sie nie, die Frau aus dem zweiten Stock einmal einzuladen.
Solche Frauen sind einfach zur Fabrikarbeit geboren, meinen sie.

Heinz Keller könnte in der Speisekammer eine große Pappschachtel öffnen und zerstörte Puppenteile finden.
Irene Keller ist eine gute Frau.
Glücklicherweise empfinden Puppen keinen Schmerz.
Und Heinz Keller genießt die friedlichen Stunden zuhause.

In diesem Sommer haben sie sich für Griechenland entschieden.
Das Lächeln seiner Frau wird sich auch auf den Dias, die Heinz Keller aus Griechenland zurückbringen wird, nicht verändert haben.
Erinnerungen an Kreta oder die Akropolis.
Das Maß aller Dinge ist der Mensch.
Manchmal fällt ihnen auch ein Bericht über griechische Gefängnisse in die Hände.
Irene beschäftigt sich mit der Königin im Asyl.
Augenzeugenberichte über Folterungen lehnen sie ab. Ich befasse mich nicht mit politischen Wirren in meinem Reiseland, sagt Heinz Keller.
Und Irene fragt den Mann, während sie Blumen auf der Loggia gießt: welche Grausamkeiten kennst du?
Er trinkt ein Glas Apfelsaft.
Es soll Ehepaare geben, sagt sie und nimmt ein verwelktes Geranienblatt vom Stengel, die schlagen sich. Wenn es nicht regnet, sitzen sie jetzt jeden Abend auf dem Balkon und lesen die Briefe vom Sohn und von der Tochter, die wöchentlich eintreffen.
Grausamkeiten, sagt er, sind absurd.
Seine Kinder will er nie geschlagen haben, und der kleinen Enkelin schenken sie zum Geburtstag eine Puppe, die acht Sätze spricht.

Irene zieht an der Nylonschnur, die der Puppe im Nacken hängt.

Ich will artig sein, sagt die Tonbandstimme.
Die Puppe ist sauber und adrett gekleidet.
Die Nachbarinnen, die diesen Nachmittag in Irenes Wohnzimmer verbringen, ziehen reihum am Nylonfaden.
Ich möchte schlafen, sagt die artige Puppe.
Die Damen sind entzückt.
Irene trifft die Frau aus dem zweiten Stock und fragt sie: stellen Sie in Ihrer Fabrik auch Sprechpuppen her?
Ich setze die Stimmen ein, sagt die Frau, im Akkord.
Irene Keller hält die blanke Körperhälfte in der Hand. Arme und Beine hängen an Gummischnüren. Der Kopf fehlt und der Rücken.
Mit der rechten Hand faßt sie die Stimme und nimmt sie von den Schallöchern im Bauch.
Den Torso legt sie beiseite.

In drei Wochen werden die Kellers nach Griechenland fahren. Sie haben eine Pauschalreise gebucht. In ihrer Einkaufstasche bringt Irene noch eine Sprechpuppe nachhause.
Was willst du damit? fragt ihr Mann.
Sie gefällt mir, sagt Irene und zieht an der Schnur im Genick.
Spiel mit mir, sagt die Tonbandstimme.
Dazu bist du zu alt, sagt der Mann.
Irene lächelt und vergißt an diesem Abend die Geranien zu gießen.

Auch die Nachbarinnen haben Puppen gekauft.
Sie geben vor, an ihre Enkelkinder zu denken, auch an die, die noch nicht geboren sind.
Sie setzt die Stimme ein, sagt Irene, und die Frau aus der zweiten Etage hat an Bedeutung gewonnen. Aber sie sagt: was soll ich erzählen? Ich tu meine Arbeit.

Sie setzt dreißig Puppen in einer Stunde die Stimme ein.
Ernüchtert wendet sich die Gesellschaft wieder dem Ausrichten von Geburten und Hochzeiten zu.
So versteht es Irene, das Interesse der Damen auf Puppenteile zu richten.
Puppen zu zerlegen sei nicht grausam. Sie überzeugt die Nachbarinnen.
Es ist nicht grausam. Die Damen stimmen überein. Andere Leute gehen auf Hasenjagd. Und das ist ein blutiges Geschäft.
Kunststoff schreit nicht.
Sechs Frauen zerlegen in einer Stunde dreißig Puppen. Die Puppenteile schütten sie in den Etagenmüllschlucker.
Jeden Sonntagnachmittag machen die Kellers einen Spaziergang um den See.
Die Kieswege sind ordentlich geharkt. Das Baden im See ist verboten.
Mit dem linken Arm hat sich Irene bei Heinz eingehängt, die Handtasche trägt sie rechts.
Heinz Keller glaubt nicht an die Spur Brutalität, die sich hinter dem Lächeln seiner Frau auf allen Farbfotografien verbirgt.
Sie ist aus gutem Hause.

Am Montagnachmittag sitzen sechs Nachbarinnen um einen Tisch, an dem sie auch Fontane genießen oder den Mann, und gehen Irene zur Hand.
Irene zählt ab.
Ich und Du.
Enemenemu.
Und wer bist du? fragt Irene, während sie den Kopf einer Puppe auf dem Handteller trägt.
Die Damen sind hilfsbereit.
Sie gehen mit Messer und Gabel an die Sache heran. Aber

bitte, meine Damen, sagt Irene, doch nicht mit gewöhnlichem Besteck. Ich nehme mein Silber.
Sie teilt weiße Damastservietten aus.
Noch ein Stück Kuchen? fragt eine der Nachbarinnen.
In der rechten Hand das Messer, die Gabel in der linken, die Serviette auf dem Schoß, so greifen sie eifrig zu und stechen ein.

Am Abend ihrer Abreise wohnen die Kellers auf den Tag genau fünf Jahre im siebten Stock des Hochhauses, und ihre Koffer stehen gepackt im Flur.
Kreta und die Akropolis.
Irene hat daran gedacht, Proviant einzupacken, Bananen, hart gekochte Eier, Apfelsinen und belegte Brote. Nach einer Stunde Bahnfahrt wird er essen wollen. Irene ist gewissenhaft.
Sie nehmen ein Taxi zum Bahnhof.
Das neue Kleid, sagt er, steht dir.
Mit zwei Fingern streicht sie ihm über den zurückgefallenen Haaransatz.
Wie kannst du so grausam sein, sagt er.
Bin ich grausam?

Nachdem sie das Taxi bestiegen haben, wird der Feueralarm ausgelöst. Die Berieselungsanlage sprüht Wasser ins Treppenhaus der vierzehn Etagen.
Vierundachtzig Mietparteien flüchten auf die geharkten Kieswege.
Und fünf Frauen stehen im siebten Stockwerk auf ihren Balkons. Sie gießen Geranien.

Die Zeitungsberichte sprechen von Brandstiftung. Puppenteile waren vor einer Wohnungstür mit Benzin übergossen und angezündet worden.

Die Frau, die in einer Stunde dreißig Puppen die Stimme einsetzt, kam mit leichten Brandverletzungen davon.
Es sei nicht erwiesen, sagt Heinz Keller, daß einer, der Puppen verstümmelt, auch Menschen peinigen könne.

Für Irene Keller ist die Zeit der Puppen vorbei. Sie sagt: das Maß aller Dinge ist der Mensch und wünscht sich zu Weihnachten ein Lehrbuch der Anatomie.

katrine von hutten

UNTERGANG

mein fuß steckt im sumpf
mein weißes Knie wird schwarz
blasen platzen an meinem schenkel
die hüfte braun getaucht
moorbad für meine brust
meine schulter verschlammt
jetzt versinkt mein hals
mein kopf reißt aus
kopflos geh ich zugrund

Klaus Konjetzky

ELEPHANTEN ZU TODE GEFÜTTERT

Joe kann keinen Grund angeben, warum er geschrien hat.
Er hat überhaupt nicht geschrien, er war es nicht, sagen die

Leute. Es haben sich Leute gemeldet. Die konnten das Schreien bestätigen. Einfach so schreien. Die Erfahrung spricht dagegen.
Das Opfer hat geschrien. Also, so folgern die gestiefelten Gestalten mit randlosen Brillen, nachdem er es nicht gewesen sein konnte, war es das Opfer. Okay. Der Mann, der die Polizei verständigte, hat es genau gehört. So schreit einer, der umgebracht wird. Das war in Todesangst, sagt der Alte, wissen Sie, richtig unheimlich war das. Das Messer wurde gefunden.
Am Morgen des 26. August, die Hitze ist mörderisch, wie man so sagt, nicht auszuhalten, steht Joe früher als sonst auf, duscht sich und geht im Bademantel, ohne sich abgetrocknet zu haben in die Küche. Schön.
Eigentlich macht ihm die Hitze nichts aus.
Jedenfalls ist es nicht die Hitze.
Auf dem Weg vom Bad zur Küche, das Wasser rinnt die Beine runter, das Linoleum wird naß, geht er an der Wohnungstür vorbei, das ist so, und zieht die Zeitung durch den Briefkastenschlitz nach innen. Im Korridor steht die Luft. Elephanten zu Tode gefüttert. Joe soll deutlicher Sprechen. „Elephanten zu Tode gefüttert." Was Joe mit Brutalität meint. Was er mit Brutalität meint. Der Sommer bringt einen um. Die Cafes auf dem Boulevard sind überfüllt. Da sitzen sie.
Es ist ein unbeschreibliches Gefühl. So ein Kitzel ist das. In der Brust. Es ist wie ein Schmerz.
Joe ist vielleicht einsam.
Hilflosigkeit ist nicht das richtige Wort. Joe sagt: Meinetwegen, nennen Sie es so.
Er beantwortet Fragen.
Wovon Joe gelebt hat. Wovon er lebt.
Joe setzt sich an den Küchentisch, vom Haar tropft es auf die Zeitung, er fährt sich mit gespreizten Fingern nach hinten durch die Haare. Dann rinnt Wasser das Genick runter und

wird vom Kragen des Bademantels aufgesaugt. Er schlägt die nassen Beine übereinander und dreht die Zeitung um. Tiertragödie in Hellabrunn.
Weil er schlecht geschlafen hat, sind seine Nerven gereizt, nicht wahr, dazu die Hitze, sagen die mit ihren Nasen und den grünen Lippen im Gesicht.
Joe würde nicht lesen. Höchstens wenn er eine Frau hätte und Corn Flakes auf dem Tisch stünden. Joe sagt, dann würde er lesen. Oder wenn er Kinder hätte, die Ramabrote wollten und zur Schule müßten. In der Früh habe ich eine belegte Zunge, verstehen Sie.
Wieviel Joe durchschnittlich pro Tag raucht.
Er soll die Wahrheit sagen. Es ist besser für ihn.
Joe steht auf, umklammert mit Daumen und Zeigefinger den Hals, dann mit der ganzen Hand, drückt zusammen, schluckt, geht an den Herd, stellt Wasser drauf.
Früher ist Joe einer geregelten Arbeit nachgegangen. Warum er sie aufgegeben hat, möchten die alten Füchse wissen.
Joes Haare sind naß, das kühlt. Solange das Wasser kalt ist, kühlt es. Die Körpertemperatur erwärmt das Wasser.
Joe muß die Hitze zu schaffen machen.
Sie schwitzen und sind unter den Brillen naß. Sie haben feuchte Unterhosen.
Ich schlüpfe in Lederschlappen. Sandalen, mit denen man ins Bad gehen kann. Wieso? In ein öffentliches Bad.
Was das mit der Sache zu tun hat. Er kann das Gelächter nicht hören. Joes Bart ist nicht gepflegt. Wie der daherkommt.
Wieso Joe welches Gelächter nicht hören kann.
Außerdem kriege ich vom Chlor rote Pickel im Gesicht, also, so allergisch bin ich da. Und einfach fragen, ob ich mitspielen darf, mag ich nicht, das ist nicht so einfach. Ich meine, einfach hingehen und fragen.
Es gibt konkrete Fragen. Joe hat keine besonderen Kennzei-

chen. Heißer Tee ist nichts bei der Hitze, ich drehe das Gas ab, trinke Limonade. Ja. Die Limonade ist kalt. Da stößt einem die Kohlensäure auf.
Joe war in den letzten Jahren nicht ernsthaft krank. Welche Krankheiten Joe in letzter Zeit hatte. Ja, gewisse Häuser hat Joe auch schon aufgesucht. So? In der Früh bringe ich nichts runter. Joe soll die Wahrheit sagen. Wir haben Verständnis.
Ich blättere in der Zeitung, so halt, die Frau steckt sie jeden Morgen um sechs in den Briefkasten, sie legt sie nicht auf den Fußabstreifer. Wenn sie die Zeitung zu weit reinsteckt, kann sie durchrutschen und in den Korridor fallen. Die Briefkastenklappe schnappt zu. Wenn das passiert, wache ich auf.
Am 26. August bin ich nicht deshalb aufgewacht. Also bitte. Am Samstag ist die Zeitung zu dick, da klemmt sie im Schlitz. Ich muß die Tür aufmachen und die Zeitung von außen rausziehen. Joe hat auch schon mit Mädchen geschlafen, ohne zu zahlen. Limonade beruhigt. Nach ein paar Schlucken kann ich wieder rauchen. In aller Herrgotts Früh, auf leeren Magen, das hält niemand aus, auf die Dauer.
Ich fange hinten an. Tiertragödie in Hellabrunn. Fortsetzung von Seite 1. Wirtschaft lasse ich aus, oder ich lese die Aktienkurse. Ob sich Joe für Politik interessiert. Eigentlich lese ich nicht. Aber er gehört keiner Partei an.
Die Frau wäre enttäuscht von mir. Sie hat mir zwischen Tür und Angel die Stelle gezeigt, an der ich unterschreiben mußte. Joe soll genau die Fragen beantworten. Also gut.
Jeden Morgen die Zeitung. Andere lesen auch. Joe lebt in einer Gemeinschaft. Da hat er einen Maßstab. Zum Beispiel das Frühstück. Am Abend sind die Häuser dunkel, manche Fenster sind hell. Wenn das Erdgeschoß tief genug ist, die Vorhänge nicht zugezogen sind und wenn Licht im Zimmer brennt, kann man reinschauen.
Gewisse sexuelle Probleme lassen sich im Falle Joe nicht

leugnen. Wenn man erwischt wird, lassen die Leute das Rollo runter.
Auch im Bahnhof ist kein Chaos. Natürlich nicht. Joe hat sich viel im Bahnhof aufgehalten. Was Joe im Bahnhof gemacht hat und ob er dort Bekannte getroffen hat.
Joe ist blaß. Aber Drogen oder ähnliches nimmt er nicht. Aber hat er schon. Joe sagt, es ist ein unbeschreibliches Gefühl.
Ich trinke noch ein zweites Glas Limonade und zünde mir eine neue an. Ich lehne mich an die Stuhllehne und schlage die Beine übereinander. Ich kann ein kleines Gefühl von Wohlbehagen nicht verleugnen.
Ja, ja, ich weiß schon. Ein Toter kann sich nicht das Messer aus dem Leib ziehen und in die Isar werfen. Das ist klar. Das kann er halt einfach nicht. Es ist kaum vorstellbar, daß ein Mörder nach der Tat schreit. Oder? Also hat Joe nicht geschrien. Das mit dem Messer, bestreitet Joe ja gar nicht. Das Messer wurde gefunden.
In der Früh um 7 ist schon ein Mordsbetrieb im Bahnhof. Lauter Leute. Das ist so eine bestimmte Szene. Die von auswärts zur Arbeit kommen, erkennt man. Die Lautsprecher regeln den Rest. Auch für Ausländer. In der Bahnhofswirtschaft sitzen die nach Venedig und die mit Kurswagen nach Paris. Schon Frankfurt ist eine Fahrt. Und erst zwei Wochen Teneriffa.
Joe sitzt mit zwei anderen an einem Tisch. Er kennt die beiden nicht. Joe sagt, daß er im Bahnhof niemand gekannt hat. Niemanden richtig. Er trinkt. In diesem Raum des Restaurants gibt es in der Früh nur Frühstück. Das mindeste ist ein Kännchen Kaffee. Er trinkt ein Kännchen Kaffee. Manche essen Eier, vielleicht Eier im Glas. Die beiden anderen am Tisch, normales Frühstück, lesen Zeitung.
Elephanten zu Tode gefüttert. Coca Cola trinkt niemand.
Das bringt uns nicht weiter. Kommende und Gehende halten sich die Waage. Also, ich meine, das muß wohl so sein. Ich

bringe in der Früh nichts runter. Später schon. So um 11. Schwierig ist nur die Zeit zwischen halb vier und sechs bis die Bahnhofswirtschaft aufmacht.
Teneriffa, mein Gott. Strand, Gin-Fiz und Busen. Natürlich kann man es auch selber machen. Am Anfang ist so ein Kitzel in der Brust. Was es mit Teneriffa auf sich hat.
Man kann durch die Sperre gehen, ohne kontrolliert zu werden. Das ist angenehm. Früher mußte man sich eine Bahnsteigkarte ziehen. Jetzt kann man so zu den Zügen. Egal, ob man fährt oder nicht. Joe geht durch die Sperre zum Kiosk. Am Kiosk stehen meistens Männer. Das liegt an den Frauen. Eine runde Holzplatte, die ist dreckig, Krümel, Senf und so was, auf einem Bierfaß. Das ist der Tisch. Es stehen 6 Tische vor dem Kiosk.
Das hat keinen Sinn. Das hat doch keinen Sinn. Joe soll die Wahrheit sagen. Er sagt, daß er es in der Wohnung nicht aushält. Joe verläßt das Haus. Wann das gewesen ist. An jeder Ecke werden Elephanten zu Tode gefüttert. Da kommt man nicht dran vorbei. Ein Skandal ist das. Oder wenn man einen Hund verbrennt. Ich mag Elephanten nicht. Elephanten mag ich halt nicht. Die Sache sieht nicht gut aus. Die Tauben sind daran gewöhnt und fliegen auf die Hand, wenn man sie hinhält. Joe trinkt sein Bier an einem der 6 Tische. Vormittags Bier. Ja, ab und zu. Der erste Film im Bahnhofskino läuft ab 2. Ab dann kann man laufend rein. Also, man kann reingehen, wann man will. Wie der Film geheißen hat. Und was Joe am Nachmittag gemacht hat. Am Abend, genau läßt sich das nicht sagen, geht er in Richtung Isar. Er geht manchmal an die Isar. Nein er will dort nichts Bestimmtes. Die Lautsprecher haben was Atmosphärisches, wenn man so sagen kann. Zwischen Puffer und Rammbock würde ich einen Auflauf verursachen. Wie das aussieht. Ein Elephant liegt auf der Seite. Der legt sich einfach hin zum Sterben.

Urlaub in Teneriffa. Teneriffa ist nur so ein Name. Langeweile ist falsch. Aber meinetwegen.
Joe sieht jemanden am Geländer stehen. So dunkel ist es nicht. Aber man kann ihn nicht erkennen. Joe kennt ihn nicht. Er beugt sich über das Geländer. Der Fluß ist dunkel. Man hört ihn. Gebadet wird dort nicht. Das steht auch an der Tafel. In der Widenmayerstraße fahren Autos. Ab und zu gehen Leute vorbei. Die meisten gehen auf der anderen Straßenseite, wegen der Verbrecher.
Wie Joe aussieht. Joe sieht nicht gut aus.
Er zieht was heraus und stößt es sich rein. Er fällt zusammen. Joe soll die Wahrheit sagen. Joe geht hin und hebt den Kopf des Mannes hoch. Mit beiden Händen hält er den Kopf. Joe sagt, daß er es sich immer so vorgestellt hat. Das Gesicht. Kein Pathos um den Mund, kein Vorwurf. Er zieht dem Toten das Messer aus dem Leib, das ist das wenigste, sagt Joe, und wirft die blutige Klinge über das Geländer. Das Geräusch kann man hören. Der Körper liegt seitlich zusammengekrümmt unter einem Baum. Es gibt nicht viele Möglichkeiten. Eine ist ein toter Elephant. Joe schreit.
Wer das hört, erschrickt. Er schreit um Hilfe.
Warum Joe weggelaufen ist. Später bleibt er stehen, lehnt sich an das Geländer und wartet. Der Scheinwerferkegel wandert am Geländer entlang. Er sieht ihn auf sich zukommen.
Ich stehe im Licht. Da laufe ich nochmal. Die Männer springen aus dem Wagen. Pistole im Anschlag. Joe ergibt sich. Die Männer rufen: Ergeben Sie sich.
Die Tatwaffe wird in der Isar gefunden.
Joe legt die Zeitung weg.

Christoph Meckel

JUGEND

BROTHER WHAT A LIFE THAT WAS! Wir rannten
den melodischsten Pfeifen hinterher
scharrten nach den Knochen der Toten, den gleißenden
Knochen weggeworfener Engel, ja
wenn irgendwas wahr ist: wir schwammen in Rotweinflüssen
und die Räusche balgten sich um uns, und die Sommer
(Haufen Azur zwischen Nacht und Nacht)
überfielen uns im Schlaf, es weckten uns Feste
satt und ohnmächtig verschwanden wir in den offenen Himmel.

BROTHER WHAT A LIFE THAT WAS! Rumstreunend
trunken und nichts sonst
Wind und Kognak oder sonstwie sonstwas
vorüber an den Bungalows unserer Bosse
sterblich wie Zwieback, die die Tempel ersetzen
für eine Weile, unsterblich wie Zwieback
im Auge immer Atlantis, die Horizonte des Tieflands
Ebenen, darauf der Himmel saß, ein fetter Türke
Frauen betrachtend an Abenden aus Heu und Anis
schlaflos in einem Hotelbett, schnelle Liebe
oder in einem Gehölz, wo das Gürteltier pflügt.

Nutzlos, trunken, gesättigt
tief einatmend den Benzingeruch der Flugplätze, nächtigend
an der Eisenbahnstrecke nach Alamandango
in den Winden der Windrose, ruhlos spurlos
Avenuen wandernd im glänzenden Winter der Städte
über die Flüsse, während die Welt uns schmeckte
samt Wind und Kognak oder sonstwie sonstwas

tippelnd auf den Ausfallstraßen Europas
hitschhike, immer der Welt nach
die sich entfernte auf den Spuren
eines kleineren Weltuntergangs von anno Tobak.

Stimmt das? Sind wir die enormen Kerle gewesen
an die sich das Erinnern jetzt ranmacht, schamlos, und süchtig?
Sind wir gewesen: nutzlos, trunken, gesättigt?
Haben wir nicht geschrien, in einem großen Hunger
Hunger und Durst eines jeden Tages, bitter
haben wir unserer Hoffnung den kurzen Zipfel
Leben nicht aus den Zähnen gerissen.

Haben wir nicht nach einem Heiland gerufen: O Lazarus,
Buddha
o Alkohol, o Syphilis, o Erbrechen
Gerechtigkeit!
Haben wir nicht geheult nach Göttern: zeigt euch
in der blutfarbenen Mandorla, stimmt ein
in den zähneklappernden Jubel!
Haben wir unsere Väter nicht ausgepfiffen
während die Erde in den Mittag fuhr, haben wir
unseren Frauen und Träumen nicht Kinder gemacht
Sack und Asche verweigernd, ungetrost
und nüchtern am Ende raufend um den Rest der Welt!

BROTHER WHAT A LIFE THAT IS! In die Gräber mit uns
wenn wir den Himmel nicht gestürmt haben auf Treppen voll
azurner Scherben.

In die Gräber mit uns, auf der Stelle, restlos
wenn Wut und Jubel verstummt, weil uns ein Gähnen kommt
an den Abenden
und wenn wir je die mörderische Treppe räumen.

Wolfgang Bauer

PARTY FOR SIX

1. Aufzug

(Die Bühne: ist ein Vorzimmer. Links eine offene Tür zum Wohnzimmer, im Hintergrund eine Tür auf den Gang hinaus. In der Mitte ein großer, dicker Teppich. Hängelampe, hell und kalt, wenn sie erleuchtet ist. In der Ecke rechts hinten: Ein Kleiderständer. Rechts an der Wand ein Kasten mit eingebauter Hausbar. Zwischen Kasten und Kleiderständer: Eine abgestellte Kautsch. Grau und schäbig. Wenn der Vorhang jetzt auseinandergezogen wird, ist es im Vorzimmer fast finster. Nur aus der offenen Wohnzimmertür fällt Licht. Schallplattenmusik (Schlager) und Klirren von Gläsern aus dem Wohnzimmer. Ferry, ein Student im Alter von 20 Jahren, tritt aus dem Wohnzimmer, macht im Vorzimmer Licht, geht an die Hausbar, entnimmt ihr ein paar Flaschen Weins, dreht das Licht wieder ab, verschwindet klirrend im Wohnzimmer. Bald kommt er wieder, dreht das Licht an, nimmt von der Glastür einen Schlüsselbund, tritt auf den Gang hinaus. Es bleibt hell auf der Bühne. Nach einiger Zeit kommt er wieder. Man hört das Geräusch einer Clospülung. Er dreht das Licht wieder ab, geht ins Wohnzimmer, schließt dessen Tür. Jetzt ist es ganz finster auf der Bühne. Nebenan im Wohnzimmer legt Fery Pramersdorfer eine neue Schallplatte auf: Come Prima. Man hört es ganz leise durch die Tür. Dann klingelt es am Gang draußen. Fery Pramersdorfer tritt aus dem Wohnzimmer, macht Licht, geht zur Gangtür hinaus, draußen – das hört man – öffnet er eine Tür. Stimmen:)

FERY: Seawas.

FRIEDRICH: Seawas.

FERY: Kum eina.

FRIEDRICH: Is scho wer do?

FERY: Na, du bist da easte. *(Beide treten ins Vorzimmer = Bühne)* Host den Cognak mit?

FRIEDRICH: Jo. An Likör hob i a no mitbrocht! Von meine Oltn.

FERY: Sehr klass.

FRIEDRICH: I hätt no mehr mitbringen könnan ... oba ...

FERY: *(verschwindet im Wohnzimmer)* Ziag di daweil aus. I hau nur a neue Plottn aufi!

FRIEDRICH: *(zieht seinen Mantel aus, stellt die Flaschen auf die Kautsch)* Du! Fery?! Fery!?

FERY: *(legt gerade eine neue Platte auf)* Ja? Wos is?

FRIEDRICH: Der Franzi bringt jo a no wos zum Saufm?

FERY: Gsogt hot er.

FRIEDRICH: Kummt die Fanny a?

FERY: Sei stüll! Hea da de neie Plottn on!

FRIEDRICH: Kummt die Fanny a?

FERY: *(kommt aus dem Wohnzimmer)* Hea da de Plottn on! *(singt)* if I had ...

FRIEDRICH: Du! Kummt die Fanny?

FERY: *(hört auf seine Platte)* Jo. Jo. Kum gemma dawal eini ins Zimma. Die Saufareien konnst dawal dolossn. Mia hom eh zeast Bier. *(Beide ab ins Zimmer. Fery dreht das Licht im Vorzimmer ab. Friedrich will die Tür schließen, aber ... ab jetzt wieder Stimmen:)*

FERY: Loß die Tür offn. Sunst hea ma net wonns läutn. Klass de Plottn! Gö?

FRIEDRICH: Net schlecht.

FERY: Hob i ma gestan kauft. *(Sie hören anscheinend ein wenig der Schallplatte zu, weil man nichts hört. Dann aber, als die Platte aus ist:)*

FRIEDRICH: Du. Stimmt des, dos da Franzi die Fanny scho übanomman hot?

FERY: Gsogt hot er. Oba iiii glaub holt . . .

FRIEDRICH: I hob imma glaubt bei der geht nix.

FERY: Nana. Im Gegenteil. Wannst in richtign Schme aufziagst, host scho so an Riß bei dea. Oba daß da *Franzi* . . .

FRIEDRICH: Des man i jo!

FERY: I glaub holt net. Wieso. Stehst du auf sie?

FRIEDRICH: Wos hast stehn. I man nua. Vielleicht setz i mi heut a bissal ein.

FERY: Und die Fifi?

FRIEDRICH: De wüllst do du?

FERY: I wüll goa nix. I nimm die Fanny a, wanns sein muaß.

FRIEDRICH: Und da Franzi?

FERY: Der sull die Friedl nehman! *(Lacht.)*

FRIEDRICH: Do kennst in Franzi schlecht.

FERY: Wird sich alles ergeben. Abwarten und Tee trinken. *(Es läutet heftig mehrmals)* I geh schon. Leg schnöll a klasse Plottn auf! *(Während Fery das Vorzimmer = Bühne betritt und Licht macht, legt Friedrich die selbe Platte wie vorhin auf. Fery tritt auf den Gang und öffnet. Stimmen:)*

FERY: Hereinspaziert zum Zipfelwirt!

FIFI: Seawas.

FERY: Seawas euch!

FRANZI: Seawas. San mia die eastn?

FERY: Na . . . *(eintretend)* kummts eina. Moch bittschön die Tia zua. Da Fritz is scho do!

FRIEDRICH *(aus dem Wohnzimmer)*: Hallo?!

FRANZI: Salute, alter Kumpel!

FRIEDRICH: Seawas, du Obersäufer!

FERY: Legts ob dawal.

FIFI: *(Fery hilft ihr aus dem Mantel)* Donkschön. *(Franzi hat schon abgelegt, tritt gleich ins Wohnzimmer.)*

FIFI: Hobts ihr irgendwo an Spiegl?

FRANZI: *(im Zimmer)* Salute.

FERY: Bist eh schön gnua. *(Fifi lacht)* Kumm. *(Sie gehen nach ins Zimmer, Fery dreht im Vorzimmer = Bühne das Licht ab. Die Tür bleibt offen, leuchtet ein wenig.)*

(Ab jetzt wieder Stimmen:)

FIFI: *(vermutlich zu Friedrich)* Seawas.

FERY: Kennst de Plattn scho?

FRANZI: De?

FERY: Woat, i legs no amol auf.

FRIEDRICH: Geh, leg amol a ondare auf. De tumma späta wieda.

FERY: Na. Woat. Nua gonz kuaz.

FIFI: De do möcht i gern hörn!

FERY: De?

FIFI: Oda de.

FERY: Na, woat. Zeast spül ma de. Donn kennts spüln, wos wullst. *(Er legt die Platte auf, dreht ganz laut auf. Singt mit.)*

FRIEDRICH: Geh, a bissl leiser! *(Die Musik wird ganz leise.)*

FIFI: I hob glaubt, die Friedl und die Fanny san scho do ...

FERY: Na ... wie du siehst ...

FIFI: Bin ich das einzige weibliche Wesen hier ... *(lächelt halblaut)*

FRIEDRICH: *(schlau)* Bis jetzt! Bis jetzt bitte ... woll ma hoffen ... woll ma hoffn, doß no wos kummt! *(Lacht. Lange Pause. Sehr lange Pause, dann schließt – Franzi offenbar – die Tür. Es ist stockfinster auf der Bühne, man hört keinen Ton. Nach einiger Zeit wird die Tür wieder geöffnet.)*

FERY: Nur fia olla Fälle. Damit ma s Leitn hean. *(Pause)*

FIFI: Wo de bleibm?

FRIEDRICH: Gut Ding braucht Weile!

FRANZI: *(lacht etwas)* Gut Ding!

FIFI: Du, derf i do wos nehmen?

FERY: Iß! Eßts! Nehmts, so long wos do is. *(Pause, man ißt anscheinend.)*

FRANZI: Wos isn des?

FERY: Du i was net. Des woa olles in an Sackl drinnen.

FIFI: Schmeckt wie de . . . na, wie hast des? . . . solche Käsebäkkereien.

FERY: Is eh Käs dabei.

FRIEDRICH: Net schlecht. *(Franzi nähert sich der Tür, betritt das finstere Vorzimmer = Bühne.)*

FRANZI: Wo mocht man do Licht?

FERY: *(aus dem Zimmer)* Rechts nebn da Tia! Rechts. *(Franzi macht Licht)*

FRANZI: Steckt da Schlissl?

FERY: Na! Neben da andan Tür! Hängt da ganze Bund!

FRANZI: A! Hob scho! *(verschwindet am Gang draußen, läßt im Vorzimmer Licht)*

FRIEDRICH: Wie wärs, wenn ma jetzt a Flaschal aufmochatn?

FERY: Sull ma net no woatn, bis olle do san?

FIFI: Mia is gleich. I hob kan Duast.

FRIEDRICH: A Biea kemma scho trinkn.

FERY: Wannst wüllst . . . brauchst da nua nehman . . . *(Flaschenklirren)*

FRIEDRICH: Holst du wo an Bieaöffna?

FERY: Is kana do? *(Pause)*

FRIEDRICH: Na. I siech kan!?

FERY: *(tritt ins Vorzimmer = Bühne, geht an die Hausbar, durchsucht sie, murmelt:)* Scheibe . . . wo hob i den Öffna *(Findet ihn. Geht wieder ins Wohnzimmer, läßt Licht im Vorzimmer = Bühne)* Prego!

FRIEDRICH: Donkschön. *(Man hört Öffnen)* Sull i glei no ane aufmochn?

FERY: Fia mi net.

FRIEDRICH: Du?

FIFI: Na. Donkschön. I iß lieba.
FERY: San guat, gö?
FIFI: Sea klass. Wo hostn de kauft?
FERY: I was net wies hast. Do in da Spoagossn. Obn.
FIFI: Beim Kunz?
FERY: Wo ... is der ...?
FIFI: Untan Hornig.
FERY: Wo ist da Hornig?
FRIEDRICH: Gegenüber von dem Briefmarkengeschäft.
FERY: Jo duat. Jo.
FIFI: Duat kauf i a imma ein. *(Franzi kommt wieder ins Vorzimmer = Bühne, man hört die Klosettspülung.)*
FRANZI: Licht abdrahn?
FERY: Jo, drah o. *(Franzi dreht das Licht aus, betritt das Wohnzimmer, schließt die Tür, öffnet sie aber gleich wieder.)*
FRANZI: Ah, du bist scho beim Biea?
FERY: Mogst a ans?
FRANZI: Komische Froge. Hea damit. Jetzt gehts los! *(Friedrich lacht zustimmend)*
FERY: Do san wieda die zwa richtign zommkumman!
FRANZI: Tschirio!
FRIEDRICH: Prostata! *(Bald hört man zwei lange, übertriebene „Ahhh!")*
FERY: A wos, i trink a ans. Wo hostn in Öffna hinglegt?
FRIEDRICH: Hier! *(Es klingelt draußen.)*
FIFI: Des weans sein!
FERY: I geh scho ... *(er betritt das Vorzimmer = Bühne, macht Licht, tritt auf den Gang. Stimmen:)* Tamtararamtamtam! *(öffnet) (Gelächter von Fanny und Frieda)* Seawas euch!
FANNY: Seawas euch, sogt er! *(Sie lacht aufgeräumt.)*
FRIEDA: Sind wir die letzten?
FERY: Jo. *(Geleitet sie ins Vorzimmer)* Nur herein! *(Im Wohnzimmer wird eine neue Platte aufgelegt. Ziemlich laut.)* Ziehts

euch aus! *(Er hilft ihnen. Fifi kommt aus dem Wohnzimmer.)*

FIFI: Servus

FRIEDA: Sears Fifi!

FANNY: Bist scho long do?

FIFI: Na bin a grod east komman.

FANNY: Mai! I glaub, i hob mein Komm vagessn!

FIFI: Brauchst di eh net frisian.

FERY: Bist eh schön gnua.

FRIEDA: *(leise zu Fery)* Is do wo a Clo?

Vorhang

2. Aufzug

(Selbe Dekoration. Das Vorzimmer = Bühne ist erhellt. Die Tür zum Wohnzimmer ist verschlossen, etwas Musik dringt durch. Im Vorzimmer = Bühne steht unentschlossen, ganz als warte er auf etwas, Friedrich. Draußen am Gang hört man die Clospülung. Fanny tritt ein, hängt den Schlüssel auf den Haken neben der Gangtür. Friedrich geht von hinten rasch an sie heran, umfängt sie und drückt ihr einen Kuß auf den Nacken. Sie befreit sich.)

FANNY: Moch ma nua kane Fleckn.

FRIEDRICH: Bleib do.

FANNY: Wos wüllst denn? *(Friedrich küßt sie saftig.)* Ha! *(Fanny geht ab ins Wohnzimmer, schließt die Tür hinter sich. Friedrich geht mit dem Schlüsselbund – etwas angeduselt schon – zur Gangtür hinaus. Eine Zeitlang bleibt nun das Vorzimmer = Bühne leer. Dann aber ...)*

FERY: *(sieht aus dem Wohnzimmer)* Fritz?! Fritz?

FRIEDRICH: *(dumpf-hallend)* Nicht zu sprechen!

FERY: *(ins Wohnzimmer) (lacht)* Nicht zu sprechen! *(Schallendes Gelächter aus dem Wohnzimmer, dann schließt Fery die Tür.)*

FRIEDRICH: *(draußen)* Lalalalolalalaloooooo! *(singt)* Aufauf zum fröhlichen Jagen . . . aufauf . . . tatatam! *(Klospülung) (Friedrich betritt das Vorzimmer = Bühne, hängt den Schlüsselbund auf, geht zur Wohnzimmertür, lauscht. Dann dreht er das Licht ab. Dann wieder auf. Auf, ab, auf, ab. An die zwanzigmal. Dann – es ist Licht – pocht er an die Wohnzimmertür. Mehrstimmig aus dem Wohnzimmer:*
HEREIN?! *(Friedrich tritt ins Wohnzimmer.)*

FIFI: Duuu?

FRIEDRICH: Gö! Host da net docht! *(Stimmen!:)*

FERY: Frieda, leg an Twist auf!

FRANZI: Twist Twist! Twist Twist!

FERY: Geh, mochts ana die Tia zua! *(Die Tür wird zugeschlagen, die Bühne bleibt leer und hell. Man hört nur schwach Geräusche von Musik. Mit der Zeit lauter. Die Stimmung im Wohnzimmer erreicht ihren Höhepunkt. Gelächter. Dann läutet es. Im Wohnzimmer wird es still, Fery öffnet die Tür. Stimmen:)*

FIFI: I ho nix ghört.

FRANZI: Schau! Mir is so vorkommen. *(Es läutet noch einmal.)*

FANNY: Des wird woascheinlich der Hausherr sein. *(Fery geht durch das Vorzimmer = Bühne in den Gang hinaus, öffnet. Stimmen:)*

FERY: Guten Abend.

STIMME DES HAUSHERRN: Sagen Sie, Herr Pramersdorf, ist da bei Ihnen ein Affenzirkus eingezogen?
(Gelächter aus dem Wohnzimmer.)

FERY: Na.

HAUSHERR: Es klingt aber ganz so. Man glaubt, jeden Augenblick stürzt das Haus ein! Das ist ja furchtbar!

FERY: Entschuldigens. Mia wean glei leisa sein. Wissns eh. Mia hom so a klane Feier . . .

HAUSHERR: Na gut. Ich hab ja nichts dagegen. Nur brauchens doch nicht so trampeln.

FERY: Nana. Des woa jo nur jetzt grad. Mia hom so a Pfändaspül gmocht, wissens? Und do is uns holt as Temperament a bissl durchganga.

HAUSHERR: Jaja. Is schon gut. Aber bitte: Im Rahmen des Erträglichen bleiben.

FERY: Wiederschaun!

HAUSHERR: Gute Nacht. *(Die Tür wird draußen geschlossen.)*

FERY: *(im Vorzimmer = Bühne, laut)* Weiter gehts, meine Herrschaften! *(tritt ins Wohnzimmer)* Tuats eich una kan Zwang an. Der Hausherr is eh genehm.

FRIEDRICH: Hör ma auf.

FRIEDA: Ja! *(Die Tür bleibt ein wenig offen.)*

FRANZI: Hot jemand no a Zigarettn? *(Vereinzelte „Na", dann ...)*

FANNY: I glaub, im Montl draußn hob i no wölche.

FRANZI: Deaf is huln?

FANNY: Jo, in da linkn Innentoschn! *(Franzi kommt ins Vorzimmer = Bühne, geht zum Kleiderständer, durchsucht den Mantel.)*

FRANZI: Wo?

FANNY: In da linkn Innentoschn, oda in da rechtn Außentoschn. *(Franzi sucht.)*

FRANZI: Do is nix! *(Geht zur Wohnzimmertür)* Geh such du, bitte.

FANNY: Bis so a Mannsbüld wos findet ... *(Tritt ins Vorzimmer = Bühne, geht auf den Mantelständer zu. Franzi schließt die Wohnzimmertür, dreht das Licht aus. Man sieht und hört kurze Zeit nichts. Dann etwas heftigen Atem. Die Wohnzimmertür wird aufgerissen, Fifi schaut ins Vorzimmer = Bühne, dreht Licht an.)*

FIFI: Oh! Pardon! *(Die beiden sitzen etwas verdattert auf der Kautsch, es scheint nichts Entscheidendes geschehen zu sein, Fifi schließt die Tür, dreht das Licht wieder ab.)*

FANNY: Komm. Gemma wieda rein.

FRANZI: Geh, woat no a bissal. De wulln jo a allein sein.

FANNY: Komm. *(Fanny dreht das Licht an, richtet sich die Haare, Franzi bleibt auf der Kautsch sitzen.)* Kumm jetzt. *(Fanny geht ins Wohnzimmer, Franzi legt sich auf die Kautsch. Die Wohnzimmertür wird zugeschlagen, es bleibt hell auf der Bühne, Franzi schließt die Augen. Bald wird die Wohnzimmertür wieder aufgerissen.)*

FERY: A do liegt er!

FRIEDRICHS Stimme: Der schloft!

FRIEDA: Franzi! Franzi! Aufwachen! U-U!

FRANZI: Drahts des Licht ab! *(Man dreht das Licht aus, zieht sich ins Wohnzimmer zurück, schließt die Tür. Eine Zeitlang Ruhe, dann öffnet sich wieder die Wohnzimmertür, Friedrich tritt mit einem vollen Weinglas ins Vorzimmer = Bühne, dreht das Licht an, geht zur Kautsch, schüttet dem Franzi Wein ins Gesicht.)*

FRANZI: Schwein. *(Er rührt sich aber nicht. Friedrich läuft kichernd und ängstlich ins Wohnzimmer und versperrt die Tür von innen.)*

Vorhang

3. Aufzug

(Selbe Dekoration. Das Vorzimmer = Bühne ist hell erleuchtet. Franzi schläft still auf der Kautsch. Die Mäntel der drei Mädchen und Friedrichs lange Überjacke sind nicht mehr am Kleiderständer. Die Tür zum Wohnzimmer ist halboffen. Lange Zeit geschieht nichts. Dann kräht ganz fern irgendwo ein Hahn. Man hört ihn in regelmäßigen (30 Sekunden) Abständen. Nach vier Minuten fällt der Vorhang.)

Karl Krolow

GENUG

Genug getan und
unterlassen, zugesehn und
in die Hände geklatscht
in der schönen Luft.
Genügend Bilder aus der Hand
gelegt und die leeren Hände
geprüft und genug gehabt,
genug von genügender Beschäftigung
mit Angst und Liebe,
nachgedacht mit schwerer
werdender Zunge und
angewachsenen Gliedern
unterm schwebenden Tisch,
an ihm sitzen geblieben,
an den Boden geheftet,
unter die Erde gezogen,
nasses Erdreich ohne Luft,
bald mit Erde gefüttert,
angefüllt mit Kälte und
allerhand bepinkeltem Boden,
Dreck überm Kopf und
genug gelebt mit Wein und Bett
und genug angefüllt mit
wechselndem Leben,
brüchige Nägel und dünnes Haar
an einigen Stellen und
die leeren Hände vors Gesicht
gehalten und nichts vorgezeigt
für die andern.

Günter Eich

ALTERN

Auf dem Löschblatt sind noch Briefe zu lesen, Scheckunterschriften, Liebe, Gedichtzeilen, alles gegen mich. Wer macht sich die Mühe, mein Feind zu sein? Ich werde es bald wissen, habe immer schon im Parterre gewohnt. Wenn ich zum Fenster hinausglotze und die ratlosen Okeaniden lachen über mich, männliche, weibliche und Hermaphroditen, ach ihr Sperlinge auf dem Feld, wüßtet ihr doch, was ich weiß. Aber ich sage es niemand.
Ich brauche kein Haus zu suchen. Vor meiner Wohnungstür beginnt die Treppe, die ich nicht betrete. Mit mir leben die Mäuse, die ich mit Informationen füttere, sie sind zart und gefräßig. Eines Tages werden sie in Heerscharen ausziehen und allen die große Zehe abnagen, die ich vergeblich geliebt habe. Das mußten sie mir versprechen. Mit einer Weihnachtsglocke gehe ich durchs Zimmer, damit ich nicht auf sie trete.
Immer wieder schaue ich das Löschblatt an, habe aber keinen Spiegel im Hause. Und weil ich weiß, was von Versprechungen zu halten ist, werde ich mir eines Tages eine Katze anschaffen. So abgeklärt bin ich.
Milch, Vitamine, Löschpapier, ich esse Löschpapier, aber ohne LSD, ich habe Reisen genug, ich falle ohne daß ich oben bin, ich kenne die ganze Welt, sie spielt sich im Parterre ab. Im Drugstore gibt es alles zu kaufen, mein Okeanos schwemmt es mir vor die Tür, Meerwasser in Milchgestalt, Vitamine.

Ingeborg Drewitz

DER BERG MIT DEM WEISSEN VLIESS

Köpfe, Leiber, Fahnen, eine Flut von Köpfen, Leibern, Fahnen steigt, quillt hervor, strudelt, quirlt, staut, stößt, füllt die Gänge zwischen den Bankreihen, die Korridore, die Treppenhäuser, die Straßen, die Parks, verstopft die U-Bahnschächte, die Fahrstühle, drängt heran, bedrängt ihn, beengt ihn, er steht vorm Mikrophon und hält es mit beiden Händen umklammert, das Kabel schleift, Ankertau oder Nabelschnur, noch verbunden, mit wem? er schreit in das Mikrophon, hört nichts, auch die Stimmen nicht, nicht die aufgerissenen Münder, die hochgereckten Arme – er ist taub und stumm.

Wenn er tief atmet, weicht der Druck von den Schläfen, aber es schmerzt ihn, tief zu atmen. Er hat sich in eine Decke eingehüllt und den Liegestuhl steil aufgerichtet. Er sieht aus wie jeder andere Urlauber auch, noch blaß, noch erschöpft, nicht mehr ganz jung (alt wagt er nicht zu denken). Wenn er die Augen öffnet, blendet ihn das Weiß und Blau. Schnee sagt man und Himmel. Aber die Wörter sind ihm abhanden gekommen, er erinnert sich nur, daß es sie gegeben hat, irgendwann damals. Sie hatten genagelte Stiefel, das Seil lag zusammengerollt im Rucksack, ein graues, griffiges Seil, wie oft hatte es sich von einem zum anderen gespannt, wenn sie in die Wände eingestiegen waren. Sie hatten das Atmen nicht gespürt, Schnee und Graupelschauer hatte ihnen nichts angehabt, die Täler füllten sich mit Licht oder spannten sich in flimmernden Dunst ein oder stießen Wrasen aus oder waren schwarz unter dem Sturm. Aber einmal riß die Schwärze auf und zogen die Dämpfe ab und es gab den Berg mit dem weißen

Vließ; auch in den schlecht gelüfteten billigen Zimmern in Paris, in Marseille, auch noch auf dem Zwischendeck und noch in der Menschenschlange vor der Paßstelle: Ein Bild für Hoffnung. Er hatte Lose verkauft und Hemden gebügelt und Artikel geschrieben und Zeitungen geschleppt und Bücher gelesen im Lesesaal, in der Subway, im Zimmer, das auf den Lichtschacht hinausging, wo sie von oben Asche und Obstschalen und Knochen hinunterwarfen, wenn die Mülltonnen überfüllt waren; er hatte unter dem Gedröhn der Brücken und in den schmuddligen Spelunken hinter den Kais gelesen, wo Männer mit den Nacken von Riesen vor winzigen Tischchen hockten und würfelten. Es hatte ihn getröstet, daß es die Wirklichkeit aus Wörtern gab, ein ungreifbares unzerstörbares Geflecht. Er hätte die Nachrichten aus Europa nicht ertragen zwischen den fleischernen Riesen und den Zimmervermieterinnen, die das Rasierwasser in der Thermosflasche warmhielten, zwischen Gesellschaftsnachrichten und dem Elend aller, die mit ihm den Lagern, der Erbärmlichkeit und dem Lügentod im Gas entkommen waren. Nicht daß er zurückdachte, nicht daß er aus Wörtern Erinnerung zusammenfügte. Er vertraute ihnen Zukunft an, Wörter, Sprache, sprechen können, sprechen müssen, sich mitteilen, sich verständigen, daran glaubte er, darauf hoffte er und brachte die Hoffnung mit nach Europa. Er fand seine Straße nicht wieder, kaum erkannte er noch die Stadt, und den Bahnhof gab es nicht mehr, von dem aus die Freunde mit Rucksack und Seil und Pickel in die Berge gefahren waren. DIE ERDE WAR WÜST UND LEER. Wozu sollen wir leben, fragten die Jungen mit den alten Gesichtern, wir haben so viel Tod gesehen, wir haben dem Tod gedient, wir glauben nichts mehr. Sie hockten in ihren zerschlissenen Uniformen auf Kisten und aufgelegten Brettern, ihr Atem roch nach Hunger und Blättertabak, sie hatten die Mäntel wie Zeltplanen um sich geschlagen, die Ärmel steckten lose in den

Taschen. Sie hatten die Blocks auf den Knien und schrieben auf, was er an Erfahrung eingesammelt hatte.
Er sieht sie noch alle übermütig, als es endlich zu tauen begonnen hat und sie eine Schneeballschlacht auf dem Universitätshof machen zwischen niedergestürzten Brunnenfiguren und der Baracke, in der die Mensa untergebracht ist. Schnee. Himmel. Damals an diesem Märztag waren das keine Wörter. Er schließt die Augen, hört das Schmelzwasser gurgeln, hört die Büsche die Schneelast abwerfen, Zweige schnellen hoch und die Vögel, Spatzen, viele Spatzen schilpen, er hört das, den Jubel, das Lachen. Schneebälle klatschen an die Barackenwand, junge Männer greifen in Mädchenhaare (Jubel, auch so ein Wort verlorenes Wort!) er bückt sich, ballt den feuchten Schnee, spielt mit, wird getroffen, trifft. Nachher lädt er sie alle ein, sie gehen untergehakt durch die Straßen, sein Zimmer reicht kaum zu, sie stehen, sitzen auf dem Fußboden, auf dem Schreibtisch, auf dem Bett, die Rede geht hin und her, Recht und Gerechtigkeit, Freiheit, Frieden, Wörter, das Glück, sprechen zu können, sprechen zu müssen. Er atmet tief, wenn auch das Atmen schmerzt. Jemand ist neben ihm, streift ihm den Ärmel hoch bis zur Ellenbeuge, winkelt seinen Arm leicht an und tupft mit dem Wattebausch die zerstochene Haut über der Vene. Er spürt kaum den Einstich, die Flüssigkeit dringt langsam ins Blut.

Hörsäle, Seminarbibliotheken, Studios in Funkhäusern, das hängende Mikrophon vor sich und hinter der Glaswand die Apparaturen und die drei, die sie bedienen, das Zurückschnarren des Bandes unter dem Griff der Cutterin, Lallen im Diskant und dann wieder die Sätze, aneinandergereiht, zueinandergefügt: Seine Stimme, seine Gedanken, seine Wörter. Und dann die Fernsehkameras, das Licht, das so blendet, seine Haltung, sein Lächeln. Er lebte neben sich her, er genoß die

Abende in den fremden Städten, die Reisen im Flugzeug, den Blick über die vibrierenden Tragflächen hin, schräg hinab in die Städte, wußte, daß er überall Freunde hatte; nach dem Vortrag saßen sie zusammen in verräucherten Zimmern, in Weinstuben, vergaßen Müdigkeit und Zeit, das Geflecht aus Wörtern hielt ihn.
Bis ihm der blonde Junge, dem er seine Manuskipte einmal anvertraut hatte, mit dem er oft auf dem Podium oder im Studio diskutiert hatte, in ein Auditorium führte, wo er mit Schurren begrüßt wurde. Sicher, damit mußte er rechnen. Er sprach denn auch, blieb am Manuskript und konnte sich doch nicht verhehlen, daß etwas zerstört war. Das Auditorium war bis auf den letzten Platz gefüllt, eine Landschaft von Augen und Nasen und Mündern – nein, er täuschte sich, keine Landschaft, eine Wand, aber auch das traf nicht zu. Er verhedderte sich, mußte einen Schluck Wasser trinken, das Auditorium begann um ihn zu kreisen, er hörte seine eigene Stimme, seine Sätze, seine Wörter, und sie gingen ihn nichts an. Sie gingen niemanden an. Nachher im Weinrestaurant schwieg er, saß neben dem Mädchen, das immer mit ihm war, und fühlte zum ersten Mal ihre Nähe. Der blonde Junge trank ihm zu: Die Zeit der Wörter ist vorbei, Professor!
Er sah das verzerrte Lächeln, die tiefen Furchen um Augen und Mund. Er glaubte dem Jungen nicht. Nachher im Hotelzimmer schrieb er viele Namen auf, Namen seiner Schüler in den Redaktionen, an den Universitäten, in den Schulen, in den Betrieben. Er hätte sie gern alle um sich gehabt, hätte sie gern gefragt: Und ihr, was haltet ihr davon? Aber das Mädchen schob die Hände über das Papier und deckte die Namen zu. Er sah, daß sie helle Augen hatte.

Jemand macht sich an seinem Liegestuhl zu schaffen, lockert die Decke, schiebt ein Kissen hinter seinen Rücken.

Du bist noch immer bei mir?
Er will sie ansehen, will ihre Hand nehmen, will mit ihr durch die Bankreihen, die Flure, die Treppenhäuser, die Straßen gehen, den stauenden, stoßenden, drängenden Leibern entgegen, das Mikrophon wie eine Trophäe in der Hand, mutig, er läßt sich nicht einschüchtern, gibt nicht auf, die Gesichter kehren sich ihm zu –

Damals war er mitten im Gedränge, Sprechchöre schlugen über ihm zusammen, Schweiß- und Hunger- und Leder- und Fellgeruch. Er fiel auf mit seinem Gabardinmantel, mit seinem alten Gesicht, aber er wollte nicht auffallen, fügte sich den Sprechchören, es war ihm nicht wohl dabei, er gehörte nicht dazu. Winterstürme wichen dem Wonnemond, summte er, ein Melodiefetzen, der sich hartnäckig dem Rhythmus der Sprechchöre widersetzte. Man sollte vergessen können: Das Entzükken damals, als die Eltern ihn in die Oper mitgenommen hatten, sein Vater schwor auf Wagner, und seine Mutter las die Wesendonkbriefe. Winterstürme wichen dem Wonnemond – jetzt zünden wir das Kaufhaus an, dann kommt auch noch die Uni dran. Er glaubte nicht, was sie schrien, kannte ihre Freude am Schockieren, wußte von ihrem Aufbegehren gegen die Konsumwelt, verstand ihr Verlangen nach Gerechtigkeit, glaubte nicht – wußte – verstand – hob die Hände, als sie auf das Kaufhaus zudrängten und Scheiben klirrten. Jetzt zünden wir das Kaufhaus an, dann kommt auch noch die Uni dran. Halt! rief er, keine Gewalt! ihr trefft ja die Falschen! Jemand hob ihn auf die Schultern. Halt er fuchtelte mit seinen Armen, Winterstürme wichen dem Wonnemond, sang es in seinem Kopf, Scherben knirschten, Johlen und Lachen überstimmten ihn, nur die Melodie blieb. Er saß zwischen Vater und Mutter in der samtausgeschlagenen Loge, die Bühne war weiß und blau, er roch Leimfarbe und Rupfen, wenn er über die Brüstung hinter die Kulissen sah. Jetzt zünden wir das Kaufhaus an, dann kommt auch noch die Uni dran. Er glaubte nicht – wußte – verstand. Halt! rief er, keine Gewalt! rief gegen die Stimmen an, rief und glitt von irgendjemandes Schultern.

Er war tot, als die Assistentin nach ihm sehen wollte. Die Decke lag zusammengestaucht neben dem Liegestuhl, als hätte er sich mit ungeheurer Anstrengung freigemacht. Sie schloß ihm die Augen und den Mund und legte die krampfhaft gewinkelten Arme zusammen, ehe sie den behandelnden Arzt holte. Eine Stunde später wurde der Tod vom Sanatorium aus den Nachrichtenagenturen mitgeteilt. Die Freunde und Schüler erfuhren ihn durchs Radio, durchs Fernsehen oder durch Telefonate von einem zum anderen. Alle, die Nachrufe zu schreiben hatten und die Nachricht seit ein paar Wochen erwarteten, zögerten noch immer, ob sie von einem tragischen Opfer oder einem glückhaften Ende an der Grenze seiner Wirksamkeit schreiben sollten. Die in den konservativen Blättern schrieben vom tragischen Tod und brachten die Stationen seines Lebens in Zusammenhang damit. Die in den fortschrittlichen Blättern schrieben unter Vermeidung des Adjektivs glückhaft oder glücklich vom Ende an der Grenze seiner Wirksamkeit, die einige die Grenze des Zeitalters nannten.
Die Assistentin heftete die Zeitungsausschnitte in einem Pultordner ab. Sie hatte ihre Kleider und Blusen und Röcke einfärben lassen.

Heinz Piontek

WETTLAUF

„Wo wir sind ist vorn.
Keiner von uns
ist zu schlagen.

Gepachtet haben
unsere Federn
Morgenluft."

Mein mir angetrauter
Igel und ich
hören es wohl,

sehen eure langohrigen Gedichte
das Tempo erhöhen,

kehrtmachen,

sich ein Bein ausreißen
todesmutig –

wir verhalten uns ruhig,
melden uns sachlich,

betrachten
den Flurschaden.

W. Alexander Bauer

QUARTIERE

Erstens
Sie sagten mir, das Zimmer werde bald geräumt, in einer halben Stunde spätestens, womöglich schon in der nächsten halben Minute, so daß keinerlei Anlaß bestehe zur Besorgnis oder die geringste Ursache dafür, mitten auf der Treppe nach oben halt zu machen oder gar einen lauten Fluch auszustoßen über gewisse Quartiere heutzutage, die schon besetzt sind, ehe man eingezogen ist und den Meldezettel ausgefüllt hat – der Gesetze wegen, die streng sind hierzulande, außerordentlich streng, und denen man es auf den ersten Blick anmerkt, daß sie von Leuten gemacht sind, die keinerlei Sorgen haben mit dem Quartier und mit den Treppen, die hinaufführen und auf denen man kehrt macht, noch ehe man oben ist, weil unten schon der nächste wartet – wie in den Sprechzimmern, die nie niemals leer sind – und weil das Quartier erst viel später geräumt wird, womöglich erst tief in der Nacht oder morgen oder in einem Jahr oder
gar nicht daran denken
keine Fragen stellen, einfach umkehren auf der Treppe und wieder nach unten gehen und es mit der anderen Treppe versuchen in einem anderen Haus, dessen Quartiere vielleicht weniger gefragt und niemals so lange besetzt sind, weil die Adresse dieses Hauses niemandem bekannt, die Treppe steiler und der Mietzins höher ist – kurz:
weil es besondere Gründe gibt dafür
daß der Fremde nur das eine Haus findet und nicht das andere, in dem vielleicht noch Platz wäre, wenn man danach forschte oder jemanden fragte, der davon weiß, es aber nicht sagt, weil

niemand es wissen will, und statt dessen lieber umkehrt mitten auf der Treppe, weil jemand gesagt hat, das Zimmer werde bald geräumt – in einer halben Stunde spätestens, womöglich schon in der nächsten halben Minute, und
das sei schließlich keine Zeit
so daß man es ruhig abwarten und dann einziehen könne – vorausgesetzt, daß man daran interessiert sei, unten, im Vorraum, zu warten und unterdessen den Meldezettel auszufüllen, um ganz sicher zu gehen und sich unnötige Wege zu ersparen zu anderen Häusern mit anderen Treppen und anderen Quartieren.

Zweitens
Eintreten, unausgeschlafen, den Portier in seiner Loge nichts merken lassen, die Fassung bewahren, wenn der Geschäftsführer in die Halle kommt, auf dich zugeht und dich zu mustern beginnt, wer du sein und was du darstellen könntest: pekuniär vor allem wie auch was den gesellschaftlichen Rang betrifft. Ganz zu schweigen von jenen Abgründen, die sich auftun zwischen Gast und Personal, wenn einer zu so ungewöhnlicher Stunde daherkommt, wie man so sagt: zu nachtschlafener Zeit, sich nichts dabei denkt und behauptet, er habe sein Gepäck am Bahnhof deponiert und das Auto zu Hause gelassen, des kranken Herzens wegen.
Was machen wir mit Ihnen
fragt der Geschäftsführer, ohne das Verhör zu unterbrechen. Es ist eine schwierige Sache mit dem Zimmer, wissen Sie, es ist ja nur für eine Nacht, nicht wahr, oder irre ich mich? – – – Wie kommen Sie darauf? entgegne ich, davon ist keine Rede gewesen, noch habe ich mich überhaupt nicht geäußert, wie lange ich zu bleiben gedenke. Und überdies: ist das wichtig, kommt es darauf an? Schließlich bin ich ein freier Mann, so frei wie Sie. Wozu also diese Fragen, woher nehmen Sie das Recht, sich

nach Details zu erkundigen und Bedingungen zu stellen; wo ich gekommen bin, um mich erst einmal auszuschlafen, verstehen Sie: auszuschlafen!
Es sei eine schwierige Sache mit dem Zimmer
sagen Sie, schwierig, wieso? Sie sollten wissen, daß draußen ein Schild hängt mit der Aufschrift ‚Zimmer frei'. Ist Ihnen wohl unbekannt, wie, haben Sie natürlich nicht gelesen – oder? Jedermann weiß, daß alle Zimmer leer stehen in diesem Haus, nur Sie, Sie wissen von gar nichts, nehmen Ihren einzigen Gast ins Kreuzverhör und beeilen sich, ihn davonzujagen, anstatt ihn schlafen zu lassen. Erlauben Sie, wenn ich Sie in diesem Zusammenhang daran erinnere, daß Sie die Pflichten eines Geschäftsführers gröblich verletzt und die einfachsten Fragen an einen Fremden außer acht gelassen haben. Dachten Sie nicht, wenigstens für einen Augenblick, daran, mich nach meinem Paß zu fragen, nach Schulzeugnissen Referenzen Patenten Impfbescheinigungen Vorstrafen, nach überstandenen Krankheiten und nach Parteimitgliedschaften, angenommenen oder abgelegten Konfessionen, etwaigen Ehescheidungen, körperlichen Mißbildungen und besonderen Kennzeichen, nach sexuellen Neigungen oder Abartigkeiten, Eßgewohnheiten Träumen Herkunft Familienstand, nach bevorzugter Lektüre, der Zahl und Art meiner Examina und der Gattung meiner Haustiere – um nur ein paar Beispiele zu nennen, mein Herr.
Stellen Sie sich bitte vor
Sie nähmen mich auf in Ihr Haus, ohne mich dies alles gefragt zu haben – was könnte passieren! Angenommen, ich hätte die Staupe und steckte alle Hunde an in diesem Hause. Auch wäre es schließlich denkbar, daß ich der gesuchte Unbekannte bin, der in Sparkassen eingebrochen und alle jene Leute stranguliert hat, die in dieses Haus kommen und hier schlafen wollten. Nicht daran gedacht, sagen Sie? Sieht Ihnen ähnlich, weiß Gott, paßt zu Ihnen. Also, was ist mit dem Zimmer, was

machen Sie mit mir, gibt es eine Lösung? Es muß eine Lösung geben. Oder irre ich mich? Also gut, ich bin einverstanden, ich bleibe für eine Nacht. Eine Nacht wird ausreichen für jene Fragen, die ich zu stellen habe. Sind Sie einverstanden, mein Herr? Ich werde versuchen, Ihnen die Antworten leicht zu machen. – – – Ach, bitte, verzeihen Sie vielmals: ich vergaß in der Eile ganz, mich vorzustellen:
mein Name ist

Heinz Piontek

NACH JAHREN

Die Masse Wasser
bei Ulm:

Wiedersehen mit etwas
schwer Durchschaubarem,

was schon immer sich wälzte
wer weiß wohin,

am Ende
nicht zu beirren –

und ich: dieselben
Fragen vor mir herschiebend,

mit menschlicher Ausdauer,
das ist klar,

noch immer unruhig und
etwas zu hastig –

auch das Bett,
das an meins erinnert:

gewisse Orte,
wo unsere Auflösung beginnt.

Walter Helmut Fritz

GREISIN

Immer mehr Menschen.
Aber sie ist allein.

Die Welt überfüllt,
und doch leer.

Die Jahre kälter,
ein Korridor.

Schatten bleiben
überall hängen,
sind deutlicher
als Fenster und Tür.

Alles weggerückt,
selbst der Tisch,
an dem sie sitzt.

Wolfgang Hädecke

PFEIFER

Im April 1991 beschlossen Regierung und Parlament, den zulässigen Abstand zwischen zwei Generationen gesetzlich auf zwei Jahre zu fixieren. Der Bundeskanzler erklärte, fünfzig Generationen im Jahrhundert seien genug; auch die Opposition, die anfangs für den dreijährigen Abstand plädiert hatte, stimmte in der Hoffnung auf Ruhe im Lande schließlich zu. In den Jahrzehnten vor dem Gesetz waren die Abstände auf Betreiben der jeweils jugendlichen Geburtsjahrgänge immer rascher zusammengeschmolzen, trotz des Protestes von Biologen, Politikern und Geistlichen: 1962 betrug die Distanz noch dreißig Jahre, 1967 war sie auf zwanzig, 1971 schon auf vierzehn Jahre geschrumpft; 1975 einigten sich die Teenager-Verbände auf zehn Jahre, 1980 waren es noch acht; 1984 langte man bei sechs an, 1987 bei vier. Der Schrumpfungsvorgang hatte Folgen: 1985 erhängte sich eine zwanzigjährige Berlinerin, weil sie von ihrer fünfzehnjährigen Schwester hartnäckig „Oma" genannt wurde; im gleichen Jahre warfen Kölner Untersekundanerinnen einen zweiundzwanzigjährigen Monteur in den Rhein, da er ihrer Klassensprecherin auf offener Straße zugelächelt hatte. 1986 sahen sich die großen Parteien gezwungen, ihre Jugendorganisationen vierfach zu staffeln; im selben Jahr schlossen alle Diskotheken des Landes wegen ständiger Schlägereien. Weihnachten 1988 erschoß sich ein Soziologiestudent des zweiten Semesters, weil ihn ein siebtes Semester mit „Genosse" angeredet hatte; auf Grund dieses Vorfalls stellten Rundfunk und Fernsehen ihre Jugendsendungen ein, die Intendantenkonferenz verlangte das Verbot des Begriffes „Jugend" überhaupt. Die allgemeine Gesichtsverfinsterung der jungen Generationen nahm zu; auf der Maikundgebung 1989 forderte die dritte Staffel der Jungsozialisten ein generelles öffentliches Lachverbot und einen monatlichen „Tag des Weinens". Kurz danach setzte der Zentralverband katholischer Zwölfjähriger trotz bischöflichen Einspruchs die Abschaffung des Sitzenbleibens in allen Schulen durch, um die Flut der Sitzlingspsychosen zu dämmen. Als die Textilindustrie mit einem Dauerstreik drohte, weil den Mode-Designern die Einfälle für die verschiedenen Generations-Trachten ausgingen, brachte die Regierungspartei den Gesetzentwurf im Parlament ein.

Im ganzen Land gab es Proteste dagegen. Einen Sternmarsch der Biologen, die von Zerstörung der natürlichen Ordnung sprachen und unter grasgrünen Fahnen, in grasgrünen Gummimänteln vor dem Parlament aufzogen, konnte die Polizei mit Hilfe von Lachgas auflösen; gegen die Proteste der zahlreichen Jung-Generationen war die Staatsgewalt machtlos. Hier taten sich besonders die Angehörigen des Geburtsjahrganges 1971 hervor. Ihr Anführer Pfeifer, zur Silvesternacht 1970/71 aus tiefgekühltem Samen eines unbekannten Vaters in einer bis dahin kinderlosen Mutter gezeugt, und zwar unter Aufsicht der achtköpfigen Kommune, der das Mädchen angehörte – Pfeifer also, der nach der Devise ELTERNLOSIGKEIT IST ALLER TUGEND ANFANG lebte und seiner Mutter riet, ins Altersheim zu gehen, gründete den „Kampfbund 71", in dem nur Angehörige seines Jahrgangs zugelassen waren und der rasch zu einer wort- und schlagkräftigen Organisation anwuchs. Pfeifer verordnete seinen Anhängern Ohrringe in Form kleiner Handgranaten als Abzeichen und einen senkrecht stehenden Mittelzopf; Mitglieder mit Haarausfall durften ein Papphütchen tragen. Mit Parolen wie WAS GENERATION IST, BESTIMMEN WIR und WERDET JÜNGER NACH WILLEN und SCHLACHTET DIE BIOLOGEN und ALTERT EUCH VORAN forderten Pfeifers Leute die Abschaffung des Gesetzes und völlige Entscheidungsfreiheit über die strittigen Abstände zwischen zwei Generationen. Obwohl der Kampfbund streng exklusiv blieb, verbreiteten sich seine Parolen schnell auch in jüngeren Jahrgängen; immer kürzer wurden die geforderten Mindestabstände. Pfeifer konnte sich diesem Trend, dessen letzte Konsequenzen er zunächst mit Schrecken kommen sah, nicht entziehen. Er versuchte anfangs, alle Protestierer auf die Länge einer Schwangerschaft festzulegen, wurde aber besonders von Sextanern ausgelacht. Es war abzusehen, daß der Abstand in aller Kürze den Null-Wert erreichen würde. Pfeifer zog daraus den einzig möglichen Schluß: nach einer dramatischen Nachtsitzung im Zentralkomitee des „Kampfbundes 71" verkündete er mit der Selbstauflösung seiner Organisation am Pfingstsonntag 1991 jene These, die unter dem Namen „Pfeiferscher Umschlag-Effekt" rasch Geschichte machte: Die Annäherung des Abstandes zweier Generationen an den Null-Wert sei nicht aufzuhalten, das Überholen der älteren Generationen durch die jüngeren wünschenswert, das Umschlagen der allgemeinen Entwicklung in die Gegenrichtung historisches Gesetz. Nachdem seine Leute ihre Ohrringe abgelegt, die Zöpfe aufgelöst, die Papphütchen zerrissen hatten, erklärte Pfeifer, von diesem Tage an seien die Angehörigen des Jahrganges 1971 älter als die des Jahrganges 1970. Seine Genossen waren zunächst sprachlos, bis Pfeifer etwas tat, das er nach eigener Aussage seit sieben Jahren nicht mehr getan hatte: er lachte. Sein Lachen steckte an; unter gewaltigem Gelächter feierte der ehemalige Kampfbund den historischen Augenblick.

Am nächsten Morgen bot sich der Öffentlichkeit ein überraschender Anblick: Pfeifer hatte eine Glatze bekommen, sein Barthaar war ergraut, er hinkte. Seine früheren Anhänger schienen über Nacht ähnliche Veränderungen durchgemacht zu haben: sie hatten plötzlich Bäuche, rheumatisch gekrümmte

Rücken, Gebisse, Tonsuren, Falten, Lesebrillen – kurzum, sie zeigten alle Symptome nahenden Alters. Die Öffentlichkeit staunte nur einen Tag lang; am Pfingstdienstag begann sich die neue Bewegung aller jüngeren Generationen zu bemächtigen. Rasch waren Pfeifer und seine Leute von noch Jüngeren im Altern überholt. Zwölfjährige fuhren in Rollstühlen, Zehnjährige führten ihre Enkel aus, der ganze weibliche Geburtsjahrgang 1983 erklärte sich für schwanger, ein Münchener Quintaner bildete mit Klassenkameraden eine neue Regierung, ein Jung-Poet vom Jahrgang 1984, mit kahlem Kopf, Rotweinnase und brüchiger Stimme, forderte für sich den Literatur-Nobelpreis. Altern war die große Mode; in wenigen Wochen war das Land ohne sichtbare Jugend; Pfeifer bezog sogar ein Altersheim.
Eben dieser Rückzug aber bewirkte einen Aufruhr unter den früheren älteren Generationen, der angekündigte Umschlag-Effekt trat erstmals ein: denn nun verjüngten sich rapide die Alten. Ein früherer Bundeskanzler eröffnete die erste neue Diskothek des Landes; pensionierte Geistliche beider Konfessionen gründeten in Duisburg einen Rollschuhklub; ein abtrünniger Erzbischof, erfaßt vom allgemeinen Verjüngungsstrudel, trat in die Untertertia ein; die weiblichen Insassen vieler Altersheime ließen sich die Anti-Baby-Pille verschreiben. Das wiederum veranlaßte Pfeifer, aus dem kaum bezogenen Altersheim zu entweichen, einige frühere Genossen des Kampfbundes um sich zu sammeln, durch eine Fastenkur innerhalb von zwei Tagen sich um dreißig Jahre zu verjüngen, mit Waffengewalt das Kölner Fernsehstudio zu stürmen und der atemlosen Öffentlichkeit die totale Abschaffung der Generationen überhaupt zu verkünden. „In Zukunft", rief er aus, „gibt es keine Generationen mehr, nur noch freie Menschen. Jeder bestimmt, wie alt er jeden Tag ist. Jeder Mann kann jederzeit Vater, Sohn, Enkel, Urahne, Großneffe, Schwiegervater, Ur-

großonkel werden, jede Frau jederzeit Tante, Enkelin, Nichte, Schwiegermutter, Base, Tochter, Mutter, Ururenkelin, nach freiem Willen." Die neue Botschaft erfaßte sofort das ganze Land und bewirkte, daß Regierung und Parlament, soweit davon noch die Rede sein konnte, Pfeifers neue Botschaft zum Gesetz erhoben und die Errichtung von Pfeifer-Denkmälern in allen Städten anordneten. An der Enthüllung des ersten Denkmals, in der Bundeshauptstadt, nahm Pfeifer selbst teil: als Schulanfänger mit Zuckertüte, Ranzen, Schiefertafel und Schwamm, inmitten einer jubelnden, der Lust ständiger Verwandlung hingegebenen Menge.

Nur die Biologen widerstanden der allgemeinen Verzauberung. Unbeirrt behaupteten sie, allen voran der Nobelpreisträger Professor Rasengrün-Molekull, das neue Gesetz sei widernatürlich. Entschieden verwahrten sie sich gegen die von anonymen Skeptikern ausgestreuten Gerüchte, Pfeifer sei eigentlich ihr Geschöpf, sie selber hätten durch bislang unbekannte Mutationsmöglichkeiten die allgemeine Verwandlungslust überhaupt erst produziert, um durch ein mögliches Chaos die Aufhebung der uralten Generationsfolgen als Wahn zu entlarven. Da die Biologen zu immer neuen Demonstrationen unter grasgrünen Fahnen, in den erwähnten grasgrünen Mänteln durch die Städte zogen, beschloß endlich das Parlament, dessen jüngstes Mitglied damals drei, dessen ältestes 105 Jahre alt war, die Störenfriede in die Zoologischen Gärten zu sperren. In den Affenhäusern dürfen sie nun, wie jeder weiß, ihr rückständiges Leben weiterführen; belacht von einer befreiten Bevölkerung, zeugen und gebären sie Kinder nach überlebten Gesetzen, mausern sich stumpfsinnig vom Säugling zum Schulknaben, Studenten, Familienvater, Professor, Großvater, Greis, vom rosigen Baby zur Teenagerin, Braut, Mutter, Großmutter, Matrone. Gelegentlich brechen unter ihnen Aufstände gegen die neue Ordnung aus, doch das nimmt niemand ernst; die Wärter drehen die vorsorglich angebrachten Lachgas-Düsen auf und ersticken jeden Aufruhr in wenigen Minuten.

Ilse Aichinger

WO ICH WOHNE

Ich wohne seit gestern einen Stock tiefer. Ich will es nicht laut sagen, aber ich wohne tiefer. Ich will es deshalb nicht laut sagen, weil ich nicht übersiedelt bin. Ich kam gestern abends aus dem Konzert nach Hause, wie gewöhnlich Samstag abends, und ging die Treppe hinauf, nachdem ich vorher das Tor aufgesperrt und auf den Lichtknopf gedrückt hatte. Ich ging ahnungslos die Treppe hinauf – der Lift ist seit dem Krieg nicht in Betrieb –, und als ich im dritten Stock angelangt war, dachte ich: „Ich wollte, ich wäre schon hier!" und lehnte mich für einen Augenblick an die Wand neben der Lifttür. Gewöhnlich überfällt mich im dritten Stock eine Art von Erschöpfung, die manchmal so weit führt, daß ich denke, ich müßte schon vier Treppen gegangen sein. Aber das dachte ich diesmal nicht, ich wußte, daß ich noch ein Stockwerk über mir hatte. Ich öffnete deshalb die Augen wieder, um die letzte Treppe hinaufzugehen, und sah in demselben Augenblick mein Namensschild an der Tür links vom Lift. Hatte ich mich doch geirrt und war schon vier Treppen gegangen? Ich wollte auf die Tafel schauen, die das Stockwerk bezeichnete, aber gerade da ging das Licht aus.

Da der Lichtknopf auf der anderen Seite des Flurs ist, ging ich die zwei Schritte bis zu meiner Tür im Dunkeln und sperrte auf. Bis zu meiner Tür? Aber welche Tür sollte es denn sein, wenn mein Name daran stand? Ich mußte eben doch schon vier Treppen gegangen sein.

Die Tür öffnete sich auch gleich ohne Widerstand, ich fand den Schalter und stand in dem erleuchteten Vorzimmer, in meinem Vorzimmer, und alles war wie sonst: die roten Tapeten, die ich längst hatte wechseln wollen, und die Bank, die daran gerückt war, und links der Gang zur Küche. Alles war wie sonst. In der Küche lag das Brot, das ich zum Abendessen nicht mehr gegessen hatte, noch in der Brotdose. Es war alles unverändert. Ich schnitt ein Stück Brot ab und begann zu essen, erinnerte mich aber plötzlich, daß ich die Tür zum Flur nicht geschlossen hatte, als ich hereingekommen war, und ging ins Vorzimmer zurück, um sie zu schließen.

Dabei sah ich in dem Licht, das aus dem Vorzimmer auf den Flur fiel, die Tafel, die das Stockwerk bezeichnete. Dort stand: Dritter Stock. Ich lief hinaus, drückte auf den Lichtknopf und las es noch einmal. Dann las ich die Namensschilder auf den übrigen Türen. Es waren die Namen der Leute, die bisher unter mir gewohnt hatten. Ich wollte dann die Stiegen hinaufgehen, um mich zu überzeugen, wer nun neben den Leuten wohnte, die bisher neben mir gewohnt hatten, ob nun wirklich der Arzt, der bisher unter mir gewohnt hatte, über mir wohnte, fühlte mich aber plötzlich so schwach, daß ich zu Bett gehen mußte.

Seither liege ich wach und denke darüber nach, was morgen werden soll. Von Zeit zu Zeit bin ich immer noch verlockt, aufzustehen und hinaufzugehen und mir Gewißheit zu verschaffen. Aber ich fühle mich zu schwach, und es könnte auch sein, daß von dem Licht im Flur da oben einer erwachte und herauskäme und mich fragte: „Was suchen Sie hier?" Und diese Frage, von einem meiner bisherigen Nachbarn gestellt, fürchte ich so sehr, daß ich lieber liegen bleibe, obwohl ich

weiß, daß es bei Tageslicht noch schwerer sein wird, hinaufzugehen.
Nebenan höre ich die Atemzüge des Studenten, der bei mir wohnt; er ist Schiffsbaustudent, und er atmet tief und gleichmäßig. Er hat keine Ahnung von dem, was geschehen ist. Er hat keine Ahnung, und ich liege hier wach. Ich frage mich, ob ich ihn morgen fragen werde. Er geht wenig aus, und wahrscheinlich ist er zu Hause gewesen, während ich im Konzert war. Er müßte es wissen. Vielleicht frage ich auch die Aufräumefrau.
Nein. Ich werde es nicht tun. Wie sollte ich denn jemanden fragen, der mich nicht fragt? Wie sollte ich auf ihn zugehen und ihm sagen: „Wissen Sie vielleicht, ob ich nicht gestern noch eine Treppe höher wohnte?" Und was soll er darauf sagen? Meine Hoffnung bleibt, daß mich jemand fragen wird, daß mich morgen jemand fragen wird: „Verzeihen Sie, aber wohnten Sie nicht gestern noch einen Stock höher?" Aber wie ich meine Aufräumefrau kenne, wird sie nicht fragen. Oder einer meiner früheren Nachbarn: „Wohnten Sie nicht gestern noch neben uns?" Oder einer meiner neuen Nachbarn. Aber wie ich sie kenne, werden sie alle nicht fragen. Und dann bleibt mir nichts übrig, als so zu tun, als hätte ich mein Leben lang schon einen Stock tiefer gewohnt.
Ich frage mich, was geschehen wäre, wenn ich das Konzert gelassen hätte. Aber diese Frage ist von heute an ebenso müßig geworden wie alle anderen Fragen. Ich will einzuschlafen versuchen.

Ich wohne jetzt im Keller. Es hat den Vorteil, daß meine Aufräumefrau sich nicht mehr um die Kohlen hinunterbemühen muß, wir haben sie nebenan, und sie scheint ganz zufrieden damit. Ich habe sie im Verdacht, daß sie deshalb nicht fragt, weil es ihr so angenehmer ist. Mit dem Aufräumen hat sie es niemals allzu genau genommen; hier erst recht nicht. Es wäre lächerlich, von ihr zu verlangen, daß sie den Kohlenstaub stündlich von den Möbeln fegt. Sie ist zufrieden, ich sehe es ihr an. Und der Student läuft täglich pfeifend die Kellertreppe hinauf und kommt abends wieder. Nachts höre ich ihn tief und regelmäßig atmen. Ich wollte, er brächte eines Tages ein Mädchen mit, dem es auffällig erschiene, daß er im Keller wohnt, aber er bringt kein Mädchen mit.

Und auch sonst fragt niemand. Die Kohlenmänner, die ihre Lasten mit lautem Gepolter links und rechts in den Kellern abladen, ziehen die Mützen und grüßen, wenn ich ihnen auf der Treppe begegne. Oft nehmen sie die Säcke ab und bleiben stehen, bis ich an ihnen vorbei bin. Auch der Hausbesorger grüßt freundlich, wenn er mich sieht, ehe ich zum Tor hinausgehe. Ich dachte zuerst einen Augenblick lang, daß er freundlicher grüße als bisher, aber es war eine Einbildung. Es erscheint einem manches freundlicher, wenn man aus dem Keller steigt.

Auf der Straße bleibe ich stehen und reinige meinen Mantel vom Kohlenstaub, aber es bleibt nur wenig daran haften. Es ist auch mein Wintermantel, und er ist dunkel. In der Straßenbahn überrascht es mich, daß der Schaffner mich behandelt wie die übrigen Fahrgäste und niemand von mir abrückt. Ich frage mich, wie es sein soll, wenn ich im Kanal wohnen werde. Denn ich mache mich langsam mit diesem Gedanken vertraut.

Seit ich im Keller wohne, gehe ich auch an manchen Abenden wieder ins Konzert. Meist samstags, aber auch öfter unter der Woche. Ich konnte es schließlich auch dadurch, daß ich nicht ging, nicht hindern, daß ich eines Tages im Keller war. Ich wundere mich jetzt manchmal über meine Selbstvorwürfe, über all die Dinge, mit denen ich diesen Abstieg zu Beginn in Beziehung brachte. Zu Beginn dachte ich immer: „Wäre ich nur nicht ins Konzert gegangen oder hinüber auf ein Glas Wein!"

Das denke ich jetzt nicht mehr. Seit ich im Keller bin, bin ich ganz beruhigt und gehe um Wein, sobald ich danach Lust habe. Es wäre sinnlos, die Dämpfe im Kanal zu fürchten, denn dann müßte ich ja ebenso das Feuer im Innern der Erde zu fürchten beginnen – es gibt zu vieles, wovor ich Furcht haben müßte. Und selbst wenn ich immer zu Hause bliebe und keinen Schritt mehr auf die Gasse täte, würde ich eines Tages im Kanal sein.

Ich frage mich nur, was meine Aufräumefrau dazu sagen wird. Es würde sie jedenfalls auch des Lüftens entheben. Und der Student stiege pfeifend durch die Kanalluken hinauf- und wieder hinunter. Ich frage mich auch, wie es dann mit dem Konzert sein soll und mit dem Glas Wein. Und wenn es dem Studenten gerade dann einfiele, ein Mädchen mitzubringen? Ich frage mich, ob meine Zimmer auch im Kanal noch dieselben sein werden. Bisher sind sie es, aber im Kanal hört das Haus auf. Und ich kann mir nicht denken, daß die Einteilung in Zimmer und Küche und Salon und Zimmer des Studenten bis ins Erdinnere geht.

Aber bisher ist alles unverändert. Die rote Wandbespannung und die Truhe davor, der Gang zur Küche, jedes Bild an der Wand, die alten Klubsessel und die Bücherregale – jedes Buch darinnen. Draußen die Brotdose und die Vorhänge an den Fenstern.

Die Fenster allerdings, die Fenster sind verändert. Aber um diese Zeit hielt ich mich meistens in der Küche auf, und das Küchenfenster ging seit jeher auf den Flur. Es war immer vergittert. Ich habe keinen Grund, deshalb zum Hausbesorger zu gehen, und noch weniger wegen des veränderten Blicks. Er könnte mir mit Recht sagen, daß ein Blick nicht zur Wohnung gehöre, die Miete beziehe sich auf die Größe, aber nicht auf den Blick. Er könnte mir sagen, daß mein Blick meine Sache sei.

Und ich gehe auch nicht zu ihm, ich bin froh, solange er freundlich ist. Das einzige, was ich einwenden könnte, wäre vielleicht, daß die Fenster um die Hälfte kleiner sind. Aber da könnte er mir wiederum entgegnen, daß es im Keller nicht anders möglich sei. Und darauf wüßte ich keine Antwort. Ich könnte ja nicht sagen, daß ich es nicht gewohnt bin, weil ich noch vor kurzem im vierten Stock gewohnt habe. Da hätte ich mich schon im dritten Stock beschweren müssen. Jetzt ist es zu spät.

Günter Bruno Fuchs

DRACHENSTEIGEN

Jenau
überm Kohlenplatz, wo
mein Kollege
mit die
Eierkohln
unanständije Witze
macht, jenau
über sein
jrinsendet Jesicht
stehick
oben inne Luft

als Drachen

und träum noch,
mein Sohn
hält unten die Schnur.

ALPHABETISCHES VERZEICHNIS DER AUTOREN

Abkürzungen:
En = Erzählungen; G = Gedichte; H = Hörspiele; R = Romane

ILSE AICHINGER

geb. 1921 in Wien. Nach dem Krieg Studium der Medizin in Wien. Mitarbeiterin an der Hochschule für Gestaltung in Ulm. Lebt in Oberbayern.
Veröffentlichungen: *Die größere Hoffnung* R 1948, *Knöpfe* H 1953, *Der Gefesselte* En 1953, *Zu keiner Stunde* Scenen 1957, *Besuch im Pfarrhaus* H drei Dialoge 1961, *Wo ich wohne* En Dialoge G 1963.

Wo ich wohne
(*Wo ich wohne* Erzählungen Dialoge Gedichte, S. Fischer Verlag Frankfurt a. M. 1963)

JEAN AMÉRY

geb. 1912 in Wien. Studium der Philosophie und Literatur, freier Schriftsteller, Journalist, Rundfunkmitarbeiter. Emigrierte 1938 nach Belgien, Teilnahme an der Widerstandsbewegung, zweijährige KZ-Inhaftierung. Lebt seit 1945 in Brüssel.
Veröffentlichungen: *Geburt der Gegenwart* Gestalten und Gestaltung der westlichen Zivilisation seit Kriegsende 1961, *Jenseits von Schuld und Sühne* Essays 1966, *Über das Altern* Essays 1969, *Unmeisterliche Wanderjahre* Essays 1971, *Widersprüche* Essays 1971.

aus Frühe Weigerung
(*Unmeisterliche Wanderjahre,* Ernst Klett Verlag Stuttgart 1971)

WALTER ALEXANDER BAUER

geb. 1921 in Bremen. Kaufmann, dann Journalist. Seit 1963 Kulturredakteur der Deutschen Presseagentur in Hamburg. Theater-Kunst-Literaturkritiker.
Veröffentlichungen: *Eros und Maske* G 1960, *Nachts im Hotel* Kurzprosa 1963, *Straßen der Unrast* G 1971, *Erotische Gedichte* 1971. Außerdem Sketches für das politisch-literarische Kabarett, Rundfunk-Features, internationale literarische Portraits.

Quartiere

WOLFGANG BAUER

geb. 1941 in Graz. Studierte Theaterwissenschaft, Romanistik, Jura, Philosophie. Lebt in Graz.
Veröffentlichungen: *Der Fieberkopf* R 1964, *Mikro-Dramen* 1964, *Romeo und Julia* ein Mikrodrama 1969, *Magic Afternoon* drei Stücke 1969

Party for Six
(*Magic Afternoon – Change – Party for Six – drei Stücke,* Verlag Kiepenheuer & Witsch Köln 1969)

HANS BENDER

geb. 1919 in Mühlhausen bei Heidelberg. Soldat, bis 1949 Gefangener in der Sowjetunion, Studium in Erlangen und Heidelberg. Herausgeber der Zeitschrift Akzente.
Veröffentlichungen: *Fremde soll vorüber sein* G 1951, *Die Hostie* En 1953, *Eine Sache wie die Liebe* R 1954, *Wölfe und Tauben* En 1957, *Wunschkost* R 1959, *Die Überfahrt* En 1962, *Worte Bilder Menschen* Geschichten Roman Berichte Aufsätze 1969, *Die Aufzeichnungen einiger Tage* 1971.

Irgendwohin
(*Worte Bilder Menschen* Geschichten Roman Berichte Aufsätze, Verlag Carl Hanser München 1969)

HEINRICH BÖLL

geb. 1917 in Köln.
Veröffentlichungen (Auswahl): *Wo warst du Adam* R 1951, *Und sagte kein einziges Wort* R 1953, *Haus ohne Hüter* R 1954, *Das Brot der frühen Jahre* En 1955, *Irisches Tagebuch* Reisebuch 1957, *Billard um halbzehn* R 1959, *Ansichten eines Clowns* R 1963, *Entfernung von der Truppe* En 1964, *Gruppenbild mit Dame* R 1971.

Der Ort war rein zufällig

ROLF BONGS

geb. 1907 in Düsseldorf. Dr. phil., freier Schriftsteller. Vortragsreisen in Holland. 1970 Vorlesereise in USA, 1971 Visiting Professor in Massachusetts.
Veröffentlichungen: *Venedig* G 1948, *Flug durch die Nacht* G 1951, *Das Antlitz André Gides* Essay 1953, *Herz und Zeit* En 1956, *Flugschneise* G 1957, *Monolog eines Betroffenen* E 1961, *Die großen Augen Griechenlands* Reisetagebuch 1962, *Rechenschaft* G 1963,

Urteil über einen gemeinen Soldaten En 1966, *Das Londoner Manuskript* R 1969, *Morgen in Opatija* G 1969, *A bis plus minus Zeit* G 1972.

In Amerika geschrieben

NICOLAUS BORN

geb. 1937 in Duisburg.
Veröffentlichungen: *Der zweite Tag* R 1966, *Marktlage* G 1967, *Wo mir der Kopf steht* G 1970.

Erbmasse
(*Marktlage*, Verlag Kiepenheuer & Witsch Köln 1967)
Das Brautpaar
(*Wo mir der Kopf steht*,
Verlag Kiepenheuer & Witsch Köln 1970)

HILDE DOMIN

geb. 1912 in Köln. Studierte Jura, dann Soziologie und Staatswissenschaften. Von 1932 bis 1939 in Italien. Dann in England als Sprachlehrerin. 1940 bis 1952 in der Dominikanischen Republik. Seit 1961 in Heidelberg.
Veröffentlichungen: *Nur eine Rose als Stütze* G 1959, *Rückkehr der Schiffe* G 1962, *Hier* G 1964, *Hundertdruck* mit drei Ätzungen von Heinz Mack G 1968, *Ich will dich* G 1970, *Das zweite Paradies* R 1968, *Wozu Lyrik heute* Dichtung und Leser in der gesteuerten Gesellschaft 1968. Herausgeberin von *Spanien erzählt* 1963, *Doppelinterpretation* 1966, *Nachkrieg und Unfrieden* G 1970.

Graue Zeiten
(*Ich will dich*, Verlag R. Piper und Co München 1970)

HEIKE DOUTINÉ

geb. 1945. Studium in Hamburg, Staatsexamen 1971, zur Zeit Promotionsarbeit in Geschichte.
Veröffentlichungen: *Abiturientenreise nach Berlin* E 1965, *Das Herz auf der Lanze* Lyrik und Tagebuchnotizen 1967, *Wanke nicht mein Vaterland* R 1970. Fernsehspiel für den NDR 1971.

Man müßte jung sein
(*Wanke nicht mein Vaterland*, Classen Verlag Hamburg 1970)

INGEBORG DREWITZ

geb. 1923 in Berlin. Dr. phil. Lebt in Berlin.
Veröffentlichungen: *Alle Tore waren bewacht* Drama 1955, *Die Stadt ohne Brücke* Drama 1955, *Und hatte keinen Menschen* En 1963, *Die fremde Braut* En 1968, *Der Anstoß* R 1958, *Das Karussell* R 1962, *Oktoberlicht* R 1969, *Bettine von Arnim* Romantik Revolution Utopie 1969, *Berliner Salons* Literatur und Gesellschaft zwischen Aufklärung und Industriezeitalter, 1965.

Der Berg mit dem weißen Vlies

GÜNTER EICH

geb. 1907 in Lebus an der Oder. Studierte Sinologie und Jura. Seit 1932 freier Schriftsteller in Berlin. 1939 bis 1945 Soldat, amerikanische Gefangenschaft. Seit 1953 verheiratet mit Ilse Aichinger.
Veröffentlichungen: *Gedichte* 1930, *Lustspiel* 1933, *Katharina* En 1934, *Abgelegene Gehöfte* G 1948, *Untergrundbahn* G 1949, *Träume* Vier Spiele 1953, *Botschaften des Regens* G 1955, *Stimmen* Sieben Hörspiele 1958, *Die Mädchen aus Viterbo* H 1960, *In anderen Sprachen* Vier Hörspiele 1964, *Zu den Akten* G 1964, *Fünfzehn Hörspiele* 1966, *Anlässe und Steingärten* G 1966, *Maulwürfe* Prosa 1968, *Ein Tibetaner in meinem Büro* 49 Maulwürfe 1970.

Altern

Notizblatt eines Tänzers

(*Maulwürfe*, Suhrkamp Verlag Frankfurt a. M. 1968)

HERBERT EISENREICH

geb. 1925 in Linz. Studium der Germanistik in Wien. Lebt als freier Schriftsteller in Oberösterreich.
Veröffentlichungen: *Einladung deutlich zu leben* En 1952, *Auch in ihrer Sünde* R 1953, *Böse schöne Welt* En 1957, *Wovon wir leben und woran wir sterben* H 1958, *Carnuntum, Geist und Fleisch* Essay 1960, *Große Welt auf kleinen Schienen* Das Entstehen einer Modellanlage Sachbuch 1963, *Der Urgroßvater* En 1964, *Reaktionen* Essays zur Literatur 1964, *Sozusagen Liebesgeschichten* En 1965, *Ich im Auto* Sachbuch 1966, *Sebastian, Die Ketzer* Zwei Dialoge 1966, *Die Freunde meiner Frau* Kurzgeschichten 1966, *Das kleine Stifterbuch* Essay 1967.

Ein Beispiel christlicher Nächstenliebe

WALTER HELMUT FRITZ

geb. 1929 in Karlsruhe. Studium der Literatur und Philosophie an der Universität Heidelberg. Lebt in Karlsruhe.
Veröffentlichungen: *Achtsam sein* G 1956, *Bild und Zeichen* G 1958, *Veränderte Jahre* G 1963, *Umwege* En 1964, *Zwischenbemerkungen* Prosa 1964, *Abweichung* R 1965, *Die Zuverlässigkeit der Unruher* G 1966, *Bemerkungen zu einer Gegend* Prosa 1964, *Die Verwechslung* R 1970, *Die Besucher* Theaterstück 1971, *Aus der Nähe* G 1972, Hörspiele, Essays, Übertragungen aus dem Französischen (Bosquet, Follain, Jaccottet, Ménard, Vigée).

Greisin
Gibt uns unsere Lage
(*Aus der Nähe,* Verlag Hoffmann und Campe Hamburg 1972)

GÜNTER BRUNO FUCHS

geb. 1928 in Berlin. 1942 einberufen zum Luftwaffendienst. Arbeitsdienst und Fronteinsatz. 1945 aus belgischer Gefangenschaft entlassen. Maurerumschüler, Hilfsarbeiter, Student an der Berliner HfBK und Meisterschule für Grafik, 1948–50 Schulhelfer in Ost-Berlin. Später Zirkusclown, Zechenarbeiter, Bauarbeiter. Ab 1952 freier Schriftsteller und Grafiker.
Veröffentlichungen: *Brevier eines Degenschluckers* Gedichte und Prosa 1960, *Krümelnehmer* R 2. Aufl. 1964, *Pennergesang* Gedichte und Chansons 1965, *Herrn Eules Kreuzberger Kneipentraum* Prosa 1966, *Blätter eines Hof-Poeten & andere Gedichte* 1967, *Bericht eines Bremer Stadtmusikanten* R 1968, *Handbuch für Einwohner* 1970, *Gedichte & Anderes* Sprechplatte 1970.

Drachensteigen
Schularbeiten
Ansprache eines autowaschenden
Vaters an sein Kind, das Drachensteigen möchte
(*Blätter eines Hofpoeten und andere Gedichte,* Carl Hanser Verlag München 1967)

SIMON GERBERT

geb. 1925 in der Schweiz. Studium der Theologie und Kunstgeschichte. 1956–62 Aufenhalt in Namibia.
Veröffentlichungen: *Schmetterlinge im Betschuanaland* R 1970, *Orpheus im Salon* Anthologie (Hrsg.) 1972.

Ticken in der Leitung

MARTIN GREGOR-DELLIN

geb. 1926 in Naumburg/Saale, nach dem Krieg in verschiedenen Berufen tätig, daneben literarische und musikalische Studien. Seit 1958 in der Bundesrepublik, lebt als freier Schriftsteller in Gröbenzell bei München.
Veröffentlichungen: *Jakob Haferglanz* R 1956/63, *Der Mann mit der Stoppuhr* Kurze Prosa 1957, *Der Nullpunkt* R 1959, *Der Kandelaber* R 1962, *Möglichkeiten einer Fahrt* Kurze Prosa 1964, *Einer* R 1965, *Aufbruch ins Ungewisse* En 1968, *Unsichere Zeiten* Erzählungen und Essays 1969, *Das kleine Wagner-Buch* Biographie 1969, Sieben Hörspiele, Herausgeber u. a. von Anthologien und der Werke aus dem Nachlaß von Klaus Mann.

Erinnerungen an Wörter

PETER HANDKE

geb. 1942 in Markt Griffen/Kärnten.
Veröffentlichungen: *Die Hornissen* R 1966, *Publikumsbeschimpfung* und andere Sprechstücke 1966, *Der Hausierer* R 1967, *Kaspar* Schauspiel 1968, *Die Innenwelt der Außenwelt der Innenwelt* Prosa und Gedichte 1969, *Der Ritt über den Bodensee* Schauspiel 1969, *Die Angst des Tormanns beim Elfmeter* En 1970.

Die neuen Erfahrungen
(*Peter Handke* Prosa Gedichte Theaterstücke Hörspiel Aufsätze, Suhrkamp Verlag Frankfurt a. M. 1969)

WOLFGANG HÄDECKE

geb. 1929 in Weißenfels/Saale. Studium der Anglistik und Germanistik in Halle. Seit 1958 in Bielefeld ansässig.
Veröffentlichungen: *Uns stehen die Fragen auf* G 1958, *Leuchtspur im Schnee* G 1963, *Panorama moderner Lyrik deutschsprechender Länder* Hrsg. zusammen mit Ulf Miehe 1966, *Die Steine von Kidron* Aufzeichnungen aus Ägypten, dem Libanon, Jordanien und Israel 1970. Essays über Tibor Dery, Elias Canetti, Ernst Bloch, Verhaltensforschung, Strukturalismus. Lyrik, kurze Prosa, Kritik in zahlreichen Zeitschriften, Zeitungen und Anthologien.

Pfeifer

GERT HEIDENREICH

geb. 1944 in Eberswalde. Studium in München. Lebt als freier Journalist und ständiger Mitarbeiter des Bayerischen Rundfunks in München.

Veröffentlichungen: Lyrik und Prosa in Zeitschriften, Anthologien, NDR und BR. 1966 Dramatikerpreis der JA München, *Aussage* Hörspiel 1969, *Berthold Viertel, Schriften zum Theater* Herausgeber 1970, *Beim Arsch des Krebses* Schauspiel 1971, *Rechtschreibung* Gedichte 1971.

Die Prozedur

KATRINE VON HUTTEN

geb. 1944 in Lohr am Main. Germanistisches Studium in Heidelberg, Marburg, Bonn, 1964–69 redaktionelle Mitarbeit an den „Lyrischen Heften". Zur Zeit Studium an der Werkkunstschule Darmstadt. Seit 1964 Lyrik- und Prosaveröffentlichungen in Zeitungen, Zeitschriften, Anthologien und beim Rundfunk.

ich schlug dem wind vor
wegen des aufstandes
untergang
diese hoffnung

HERMANN JANDL

geb. 1932 in Wien, publiziert seit 1952 Lyrik, Prosa und dramatische Arbeiten.
Veröffentlichungen: *Geständnisse* zwei Akte 1969, *Leute Leute* G 1970, *Vom frommen Ende* Prosa 1971.

erziehungstraum
die vollkommene erziehung
(*Leute Leute*, S. Fischer Verlag Frankfurt a. M. 1970)

JOSEF W. JANKER

geb. 1922 in Wolfegg. Volksschule. Zimmermannslehre. 1941–45 Pioniereinsatz in Rußland und Polen. Schwerkriegsbeschädigter. Inspizient, Meinungsbefrager, Textilvertreter, Platzanweiser. Lebt in Ravensburg.
Veröffentlichungen: *Zwischen zwei Feuern* R 1960, *Mit dem Rükken zur Wand* En 1964, *Aufenthalte* 6 Berichte 1967, *Der Umschuler* R 1971.

Suche unbelasteten Mezzosopran
(*Der Umschuler*, Suhrkamp Verlag Frankfurt a. M. 1971)

PETER JOKOSTRA

geb. 1912 in Dresden, aufgewachsen in der sorbischen Lausitz und in Masowien. Nach dem Abitur Studium der Philosophie, Soziologie und Psychologie. Kriegsteilnehmer. Desertion, Kriegsgerichtsverfahren und Flucht. Nach 1945 Verlagslektor in der DDR. Seit 1958 in Südfrankreich und der Bundesrepublik. Zur Zeit wohnhaft in Linz am Rhein.
Veröffentlichungen: *Magische Straße* G 1960, *Hinab zu den Sternen* G 1961, *Die gewendete Haut* G 1966, *Herzinfarkt* R 1961, *Einladung nach Südfrankreich* Reisebuch 1964, *Bobrowski & andere* die Chronik des Peter Jokostra 1967, *Als die Tuilerien brannten* der Aufstand der Pariser Kommune 1871, 1970. Herausgeber verschiedener Anthologien.

Die neue Masche
(*Das große Gelächter oder John Matthei's Universitäten* ein demnächst erscheinender Roman)

G. F. JONKE

geb. 1946 in Klagenfurth, lebt heute als Stipendiat in Berlin.
Veröffentlichungen: *Geometrischer Heimatroman* R 1969, *Glashausbesichtigung* und *Beginn einer Verzweiflung* Prosatexte 1970, *Die Vermehrung der Leuchttürme* Prosa 1971. Zusammen mit Leo Navratil Herausgeber der Anthologie *Weltbilder*.

Die Lehren des Lehrers
(*Geometrischer Heimatroman* Suhrkamp Verlag Frankfurt 1969)

MARIE LUISE KASCHNITZ

geb. 1901 in Karlsruhe. Jugend in Potsdam, Berlin und Bollschweil. Buchhändlerin in Rom. Heiratete 1925 den Archäologen Guido Kaschnitz von Weinberg. Lebte in Rom, Königsberg, Frankfurt.
Veröffentlichungen (Auswahl): *Liebe beginnt* R 1933, *Griechische Mythen* Essays 1941, *Gedichte* 1947, *Zukunftsmusik* G 1950, *Das dicke Kind* Kurzgeschichten 1952, *Lange Schatten* En 1960, *Überall nie* Ausgewählte Gedichte 1928–65, *Ferngespräche* En 1966, *Beschreibung eines Dorfes* 1966, *Tage Tage Jahre* Aufzeichnungen 1968, *Steht noch dahin* Neue Prosa 1970.

Steht noch dahin
Haare
Bleibt uns vom Leib
Ein Hinterwäldler
(*Steht noch dahin* Insel-Verlag Frankfurt a. M. 1970)

HANS PETER KELLER

geb. 1915 in Rosellerheide/Rheinland. Studium der Philosophie in Löwen und Köln. Nach dem Krieg Aufenthalte in Paris, Palermo und auf Stromboli. Lebt heute in Büttgen bei Neuß.
Veröffentlichungen: *Die schmale Furt* G 1938, *Zelt am Strom* G 1943, *Der Schierlingsbecher* G 1947, *Die wankende Stunde* 1958, *Die nackten Fenster* G 1960, *Herbstauge* G 1961, *Auch Gold rostet* G 1962, *Grundwasser* G 1965, *Panoptikum aus dem Augenwinkel* G 1966, *Stichwörter, Flickwörter* G 1969, *Kauderwelsch* 1971.

Fortschritt
im übrigen
Turmluke
(*Stichwörter–Flickwörter* Limes Verlag Wiesbaden 1969)
Utopie
(*Kauderwelsch* Limes Verlag Wiesbaden 1971)

KLAUS KONJETZKY

geb. 1943 in Wien. Studium der Geschichte, Germanistik und Philosophie in München.
Veröffentlichungen: *Grenzlandschaft* G 1966, *Parabel* Tütengedicht auf Plastikfolie 1968, *Perlo peis ist eine isländische Blume* En 1971, 2 Hörspiele. Redakteur der Zeitschrift Publikation.

Elephanten zu Tode gefüttert

KARL KROLOW

geb. 1915 in Hannover. Studium der Germanistik, Romanistik, Philosophie, Kunstgeschichte in Göttingen und Breslau. Seit 1943 freier Schriftsteller. Gastdozentur für Poetik an der Universität Frankfurt am Main. Lebt seit 1956 in Darmstadt.
Veröffentlichungen (Auswahl): *Hochgelobtes gutes Leben* G 1943, *Gedichte* 1948, *Heimsuchung* G 1948, *Auf Erden* G 1949, *Die Zeichen der Welt* G 1952, *Von nahen und fernen Dingen* Kurzprosa 1953, *Wind und Zeit* G 1954, *Tage und Nächte* G 1956, *Fremde Körper* G 1959, *Aspekte zeitgenössischer deutscher Lyrik* 6 Universitätsvorträge 1961, *Unsichtbare Hände* G 1962, *Reise durch die Nacht* G 1964, *Schattengefecht* Aufsätze zur Literatur 1964, *Landschaft für mich* G 1966, *Minuten-Aufzeichnungen* Prosa 1968, *Nichts weiter als Leben* G 1970.

Bürgerlich
Genug
(*Nichts weiter als Leben* Suhrkamp Verlag Frankfurt a. M. 1970)

HORST KRÜGER

geb. 1919 in Magdeburg, aufgewachsen in Berlin. Studium der Philosophie. 1939 Gestapohaft wegen Vorbereitung zum Hochverrat. Ab 1946 freier Publizist in Freiburg. Seit 1952 beim Südwestfunk. Lebt in Frankfurt am Main.
Veröffentlichungen: *Zwischen Dekadenz und Erneuerung* Essays 1953, *Der Schriftsteller in der Opposition* Essays 1962, *Was ist heute links?* Essays 1963, *Das zerbrochene Haus* En 1966, *Stadtpläne* Erkundungen eines Einzelgängers 1967, *Deutsche Augenblicke* Bilder aus meinem Vaterland Prosa 1969, *Fremde Vaterländer* Reiseerfahrungen eines Deutschen 1971.

Der junge Herr C und ich

GÜNTER KUNERT

geb. 1929 in Berlin. Studierte 1946/47 an der Hochschule für angewandte Kunst in Berlin-Weißensee und lebt heute als freier Schriftsteller in Ostberlin.
Veröffentlichungen (Auswahl): *Erinnerungen an einen Planeten* G 1963, *Tagträume* Prosa 1964, *Verkündigung des Wetters* G 1966, *Im Namen der Hütte* R 1967, *Die Beerdigung findet in aller Stille statt* En 1968, *Warnung vor Spiegeln* G 1970, *Tagträume in Berlin und andernorts* Prosa 1972.

Ohne Bilanz
(*Tagträume in Berlin und andernorts*, Verlag Carl Hanser München 1972)

REINER KUNZE

geb. 1933 in Oelsnitz, Erzgebirge. Studierte Philosophie und Journalistik. Von 1955 bis 1959 wissenschaftlicher Assistent mit Lehrauftrag an der Universität Leipzig. Danach Hilfsschlosser im Schwermaschinenbau, wissenschaftlicher Mitarbeiter der Deutschen Akademie der Künste zu Berlin und seit 1962 freischaffender Schriftsteller. Lebt in Greiz, Thüringen.
Veröffentlichungen: *Widmungen* G 1963, *Die Tür* Nachdichtungen 1964, *Jan Skácel: Fährgeld für Charon* Nachdichtungen 1967, *Sensible Wege* G 1969, *Vladimír Holan: Nacht mit Hamlet* Nachdichtung 1969, *Der Löwe Leopold* E 1970, *Vladimír Holan: Vor eurer Schwelle* Nachdichtungen 1970, *Antonín Brousek: Wunderschöne Sträflingskugel* Nachdichtungen 1970, *Der Dichter und die Löwenzahnwiese* E 1971.

Wie die Dinge aus Ton

SIEGFRIED LENZ

geb. 1926 in Lyck/Ostpreußen. Lebt heute als freier Schriftsteller in Hamburg.
Veröffentlichungen: *Es waren Habichte in der Luft* R 1951, *Duell mit dem Schatten* R 1953, *Der Mann im Strom* R 1957, *Brot und Spiele,* R 1959, *Stadtgespräch* R 1963, *Deutschstunde* R 1968, *So zärtlich war Suleyken* En 1955, *Jäger des Spotts* En 1958, *Das Feuerschiff* En 1960, *Lehmanns Erzählungen* 1964, *Der Spielverderber* En 1965, *Leute von Hamburg* En 1968, Szenische Werke: *Zeit der Schuldlosen* D 1962, *Das Gedicht* D 1964, *Haussuchung* D 1967, *Die Augenbinde* D 1970, *Beziehungen* Essays 1970.

Das Hausverbot
(Auszug aus *Deutschstunde* Verlag Hoffmann und Campe, Hamburg 1968)

CHRISTOPH MECKEL

geb. 1935 in Berlin. Schriftsteller und Grafiker. Lebt in Berlin und Frankreich.
Veröffentlichungen: *Nebelhörner* G 1959, *Im Land der Umbranauten* Prosa 1961, *Wildnisse* G 1962, *Die Balladen des Thomas Balkan* 1963, *Die Notizen des Feuerwerkers Christopher Magalan* Prosa 1966, *Tullipan* En 1968, *Hotel für Schlafwandler* Gedichte und Grafik 1971, *Werkauswahl* 1971, *Lieder aus dem Dreckloch* G 1972.

Jugend
Was dieses Land betrifft

ANGELIKA MECHTEL

geb. 1943 in Dresden. Lebt heute mit Mann und zwei Töchtern in München.
Veröffentlichungen: *Gegen Eis und Flut* G 1963, *Lachschärpe* G 1965, *Die feinen Totengräber* En 1968, *Kaputte Spiele* R 1970, *Hochhausgeschichten* En 1971, *Bericht zur Lage älterer Schriftsteller in der Bundesrepublik* 1972. Sechs Hörspiele.

Hochhausgeschichte I
(*Hochhausgeschichten* Relief Verlag München 1971)

ERNST MEISTER

geb. 1911 in Hagen-Haspe/Westfalen. Studium der Theologie, Philosophie und Germanistik. Nach dem Kriege zwanzig Jahre Angestellter im Betrieb des Vaters. Lebt heute als freier Schriftsteller in Hagen-Haspe.

Veröffentlichungen: *Ausstellung* G 1932, *Unterm schwarzen Schafspelz* G 1953, *Dem Spiegelkabinett gegenüber* G 1954, *Der Südwind sagte zu mir* G 1955, *Fermate* G 1957, *Zahlen und Figuren* G 1958, *Lichtes Labyrinth* G 1959, *Der Bluthänfling* En 1959, *Die Formel und die Stätte* G 1960, *Flut und Stein* G 1962, *Ein Haus für meine Kinder* Drama 1966, *Zeichen um Zeichen* G 1968, *Es kam die Nachricht* G 1970. Zahlreiche Hörspiele.

Seit jenem Scheitern
(*Die Formel und die Stätte* Luchterhand Verlag Neuwied 1960)
Sage vom Ganzen den Satz
Das zu Erfahrende
(*Sage vom Ganzen den Satz* Luchterhand Verlag Neuwied 1972)

HEINZ PIONTEK

geb. 1925 in Kreuzberg, Oberschlesien. Lebt seit Kriegsende als freier Schriftsteller in Bayern, seit 10 Jahren in München.
Veröffentlichungen (Auswahl): *Die Furt* G 1952, *Die Rauchfahne* G 1953, *Vor Augen* En 1955, *Wassermarken* G 1957, *Mit einer Kranichfeder* G 1962, *Klartext* G 1966, *Liebeserklärungen in Prosa* 1969, *Männer die Gedichte machen* Zur Lyrik heute 1970, *Die mittleren Jahre* R 1968, *Tot oder lebendig* G 1971.

Nach Jahren
Wettlauf
Glück haben: Keinen Schuß Pulver wert sein
(*Tot oder lebendig* Verlag Hoffmann und Campe Hamburg 1971)
Erinnerung an die Jugend
(*Klartext* Verlag Hoffmann und Campe Hamburg 1966)

JENS REHN

geb. 1918 in Flensburg, in Berlin aufgewachsen. Kriegsteilnehmer, Gefangenschaft. Studium in Berlin. Rundfunkangestellter.
Veröffentlichungen: *Nichts in Sicht* E 1954, *Die Kinder des Saturn* R 1958, *Das neue Bestiarium der deutschen Literatur* Satiren 1969, In Vorbereitung *Morgenrot oder die Kehrseite des Affen R.*

Der große Hecht

MARGOT SCHARPENBERG

geb. 1924 in Köln. Wissenschaftliche Bibliothekarin. Lebt jetzt in New York.

Veröffentlichungen: *Gefährliche Übung* G 1957, *Spiegelschriften* G 1961, *Brandbaum* G 1965, *Vermeintliche Windstille* G 1968, *Mit Sprach- und Fingerspitzen* G 1970, *Ein Todeskandidat* und andere Erzählungen 1970, *Einladung nach New York* Prosa 1972.

Sohn
(*Ein Todeskandidat* und andere Erzählungen, S. Fischer Verlag Frankfurt a. M. 1970)

HANS JOACHIM SELL

geb. 1920 in Neustettin, aufgewachsen in Berlin. Studium der Philosophie, Völkerkunde, Literatur. Dr. phil. Lebte 8 Jahre als Auslandskorrespondent in Madrid. Wohnt jetzt in Bollschweil.
Veröffentlichungen: *Chantal* R 1953, *partisan* R 1961, *An Spaniens Fell zerren Dämonen* Prosa 1968, *Das Drama Unamuno* 1971, *Auf der Fährte eines Sohnes* R 1971, in Vorbereitung: ein Band *Tapisserien.*

Elterntag

FRIEDEL THIEKÖTTER

geb. 1944 in Neheim-Hüsten. Studium der Germanistik, Romanistik und Philosophie in Münster, Bonn und Orléans. 1971 Promotion. Lebt als wiss. Assistent in Münster.
Veröffentlichungen: *Zum Beispiel Immergrün* G 1967, *Vier Techniken* Einakter 1970, Mitarbeiter der Zeitschrift L'Arbre (Paris).

Die Hand am Morgenstern

GUNTRAM VESPER

geb. 1941 in Frohburg in Sachsen. 1957 nach Westdeutschland. Industrie-, Land- und Bauarbeiter. Abitur, Studium. Lebt in Göttingen.
Veröffentlichungen in Zeitungen, Zeitschriften und Anthologien, im Rundfunk und Fernsehen. Neun Hörspiele. *Kriegerdenkmal ganz hinten* Prosa 1970.

Korruption
Jaja Achach
Ostern in Frankfurt

EVA ZELLER

geb. 1923 in Eberswalde. Studium der Germanistik und Philosophie in Greifswald, Marburg, Berlin. Von 1956 bis 1962 in Südwestafrika gelebt. Seitdem in Düsseldorf.

Veröffentlichungen: *Die magische Rechnung* En 1965, *Der Sprung über den Schatten* R 1967, *Ein Morgen Ende Mai* 10 prosaische Lesestücke 1969, *Sage und schreibe* G 1971, *Der Turmbau* En 1973.

Unveränderliche Kennzeichen
(*Ein Morgen Ende Mai* Deutsche Verlags-Anstalt Stuttgart 1969)
Meine Generation
(*Sage und schreibe* Deutsche Verlags-Anstalt Stuttgart 1971)

Von der Herausgeberin dieser Anthologie sind bisher erschienen:

Eva Zeller:

Ein Morgen
Ende Mai

„Geschichten, exemplarische Geschichten, gute Geschichten", nannte die „Frankfurter Allgemeine" dieses Buch von Eva Zeller. Die Autorin untersucht das Generationenproblem und beschreibt, wie die Generationen aneinander vorbeileben. Der Leser erfährt mehr über die Motive einer jungen Frau beim Seitensprung, was ein Mädchen bewegt, von zu Hause wegzulaufen zu einer obskuren Sekte und wie Menschen erkennen müssen, wie sehr die Verheißungen der Reklame im Widerspruch zur Wirklichkeit stehen. Es sind „Bilder von höchster Prägnanz" (Neue Zürcher Zeitung).

Bei Ihrem Buchhändler erhältlich

Deutsche Verlags-Anstalt